SOUVENIRS

DE LA MARQUISE

DE CRÉQUY

PARIS. — IMPRIMERIE F. LEVÉ, RUE CASSETTE, 17.

Marie Joséphine Louise de Savoie
Comtesse de Provence.

SOUVENIRS

DE LA MARQUISE

DE CRÉQUY

DE 1710 A 1803

NOUVELLE ÉDITION REVUE, CORRIGÉE ET AUGMENTÉE

TOME HUITIÈME

PARIS

GARNIER FRÈRES, LIBRAIRES-ÉDITEURS

6, RUE DES SAINTS-PÈRES, 6

SOUVENIRS

DE LA MARQUISE

DE CRÉQUY.

CHAPITRE PREMIER.

Les compagnes de prison. — Mme Roland et Mme Dubarry à Sainte-Pélagie. — Événemens et anecdotes révolutionnaires. — Communication du manuscrit des Mémoires de Mme Roland. — Examen et opinion de l'auteur sur cet ouvrage.

On m'avait séparée de mes compagnes du Luxembourg en arrivant à Sainte-Pélagie, et je ne sais comment il se fit qu'on m'accorda la faveur d'avoir une chambre pour moi seule? Je n'aurais pas ambitionné d'obtenir, et je n'avais certainement pas sollicité cette distinction-là. C'était, du reste, un sale et triste réduit, sans cheminée, ce qui paraîtrait n'importer guère au cœur de l'été, mais ce qui me faisait suffoquer aussitôt que la fenêtre était fermée.

Vous savez qu'autant j'aime le grand air, autant je déteste les courans d'air. Dès que je voulais ouvrir ma lucarne, il s'établissait un *tyran*, comme dit le Duc de Laval, entre ma croisée qui s'ouvrait au nord, et le haut de la porte qui se trouvait en face ; lequel imposte était formé d'un large panneau vide, au moyen duquel, en montant sur une chaise, on pouvait regarder ce qui se passait dans ma chambre à toute heure du jour et de la nuit : ceci ne manquait pas d'arriver souvent, et notamment aux enfans du gargotier qui me jetaient quelquefois des ordures. Je ne pouvais donc ouvrir la fenêtre sans me trouver dans un courant d'air, et je ne pouvais la laisser fermée sans me trouver suffoquée par l'infection d'un long corridor où l'on faisait perpétuellement la cuisine à la grillade et l'ognon fricassé. C'était là que se tenaient habituellement les porte-clefs avec des chiens épouvantables, des sans-culottes en crédit et des voleuses privilégiées. C'était tout à la fois le corps-de-garde et le mauvais lieu, le chenil, la tabagie, la cantine et le garde-manger de notre division, sans parler du voisinage des commodités qui nous empestaient ; c'était la *Cloaca massima* de la république française ? Tous les bruits journaliers et toutes les rumeurs nocturnes de cet affreux corridor venaient me tomber d'aplomb sur la tête et les oreilles par l'ouverture de ma porte, auprès de laquelle était mon lit sans rideaux. Les quatre murailles de ma geôle étaient charbonnées de figures et d'inscriptions que je ne pouvais effacer, parce que je n'y pouvais atteindre. Je ne pus jamais prendre sur moi de solliciter un pareil service de nos guichetiers, et sitôt qu'il était question de leur faire attacher les yeux sur les choses que j'aurais voulu leur faire effacer, j'en éprouvais une sorte d'embarras insurmontable. C'était peut-être aussi parce que je n'avais plus rien à leur donner, et du reste, ces gens-là ne prenaient aucunement garde à de pareilles saletés ; et c'était par habitude, apparemment ?. A propos des bruits qui m'avaient réveillée, ils me disaient quelquefois tout naturellement et presque innocemment, des choses infâmes. Quelle abjection dans l'humanité, et surtout dans cette humanité républicaine !

Je ne me suis jamais endormie à Sainte-Pélagie sans y avoir été réveillée en sursaut. J'y ai vécu de pain noir et d'eau trouble pendant six jours, et j'y ai manqué de linge pendant plus d'un mois. Le fils du premier guichetier m'avait emporté ces mêmes galoches où j'avais fait cacher mon trésor. C'était pour les nettoyer, disait-il, et ce fut bien malgré moi. On ne me les a pas restituées, et je ne les ai jamais redemandées, bien entendu, car la guillotine aurait été le résultat de la réclamation. Il y avait loin de là, sans doute, à mon grand et beau rez-de-chaussée de l'hôtel de Créquy, s'ouvrant en plein midi sur un jardin magnifique, au milieu d'un parc (1);

---

(1) J'espère que vous conserverez une habitation que j'ai considérablement embellie, et je ne doute pas que vous ne puissiez vous en accommoder avec les héritiers de M. de Feuquières. Je vous ai toujours recommandé de chercher les moyens d'acquérir le jardin de l'hôtel de Bérulle afin de n'avoir pour limites à l'occident et au méridien que les jardins de l'hôtel

mais ce qui m'a fait le plus souffrir à Sainte-Pélagie, c'était la nécessité de m'y trouver en contact avec une horrible couverture......

Mᵐᵉ Dubarry, que je n'ai fait qu'entrevoir au moment de son départ pour la Conciergerie, avait passé quelque temps dans la même prison; mais elle y couchait au deuxième étage, au-dessus de moi, et c'était dans un dortoir avec des filles de joie, au nombre de 19, avait-elle dit à Mᵐᵉ de Sainte-Amaranthe, en se plaignant de ce que ces indignes personnes osaient la traiter avec une familiarité choquante. Elle était devenue couperosée, mais elle paraissait encore assez belle. Elle ne savait faire autre chose pour se désennuyer que des toilettes inconcevables. Elle avait mis, pour s'en aller dans cette obscure et sale cariole de vieux cuir, un fourreau de linon bouffant, bordé de satin couleur de rose et vert, en découpures à dents-de-loup de ces deux couleurs alternées; elle avait des nœuds assortis sur un bonnet à la baigneuse, et des souliers de satin rayé couleur de rose et gros-vert.

Elle avait été dénoncée par une nègre (dont elle était marraine, et qu'elle avait comblé de bienfaits), pour avoir porté *le deuil du tyran* pendant son séjour en Angleterre; et c'était le principal grief qui fut allégué contre elle afin de l'envoyer à l'échafaud. — N'est-il pas vrai qu'on ne me tuera pas?.... disait-elle continuellement à tous les Girondins et à

---

de Damas et à l'Abbaye-aux-Bois: n'oubliez pas ceci, mon Enfant. *Note de l'Auteur.*

ses autres camarades de la Conciergerie. —Oh! non, je n'ai jamais été malfaisante à l'égard de peronne, et l'on n'aura pas le courage de me faire mourir! —Ah, citoyen, ne me tuez pas! je vous en supplie! faites-moi grâce.... allez demander grâce pour moi, criait-elle au bourreau qui se crut obligé de faire monter sur l'échafaud deux de ses aides, afin de maîtriser sa résistance. Il est à remarquer que c'est la seule personne connue qui soit morte avec lâcheté.

Mme Roland était ma plus proche voisine, et le guichetier me dit un matin qu'elle demandait à me parler. — Mais, répliquai-je, est-ce que les prisonnières de Sainte-Pélagie peuvent communiquer entre elles? et dans ce cas là ne pourrais-je pas voir ces Dames avec lesquelles je suis arrivée? — Elles ne sont pas du même corridor que toi, me répondit le porte-clefs, et d'ailleurs la Citoyenne Roland mérite bien qu'on la traite un peu mieux que vous autres! Il paraît que cet homme avait été protégé par les Roland; il fournissait du papier, des plumes, de l'encre et des journaux à ma voisine, et l'on voit qu'il se chargeait de faire ses commissions.

Le lendemain, dès le point du jour, j'entendis ouvrir ma porte, et je vis, au lieu de la figure de notre guichetier, une tête de femme qui s'avançait assez discrètement, en disant : — Citoyenne, m'accorderiez-vous *l'avantage* de vous *entretenir*? Je ne change rien à cette formule de Mme Roland. — Entrez, lui dis-je, entrez, madame; et comme la seule chaise du mobilier était couverte de mes hardes, elle vint s'asseoir sur le pied de mon grabat.

Elle était si pâle et défigurée que j'aurais eu peine à la reconnaître; elle demeura sans parler pendant quelques minutes en me regardant le plus tristement du monde. — Ne souffrez-vous point d'être si mal couverte et si mal couchée? me dit-elle. Et puis, sans attendre ma réponse, elle se mit à parler du danger qui menaçait la république et l'existence des vingt-deux Girondins. Elle me dit qu'elle écrivait ses Mémoires, et qu'elle désirait me les *soumettre*, ce qui me fit tressaillir d'impatience et d'irritation *préventive*, ainsi qu'on dirait au Palais.

— Eh mon Dieu! quelle sorte de consolation pourriez-vous recevoir de cela? lui répondis-je; et quelle satisfaction pourriez-vous attendre de la contrariété qui ne manquerait pas d'en résulter pour moi? Je suis restée de mon temps et de mon pays; je ne suis ni une Gracque ni une Publicole; je suis une vieille française aristocrate et catholique; ainsi, vous et moi ne saurions pas plus nous accorder sur les choses et les personnes que sur les causes et les effets. C'est la tolérance pour le philosophisme et l'impiété qui nous a perdus!...

— Faut-il, me dit-elle, qu'une personne aussi spirituelle que vous reste asservie à des préjugés si misérables?

— Hélas! ma chère dame, je pourrais vous témoigner la même surprise, lui répliquai-je; je n'aurais qu'à changer le mot préjugé pour celui d'erreur et d'illusion, si ce n'est d'opiniâtreté coupable!...

Elle voulait absolument écrire à Roberspierre pour lui reprocher sa perfidie et pour le faire rougir, disait-elle.

— Vous serez bien avancée quand vous aurez fait rougir Roberspierre, et c'est un fameux dédommagement que vous poursuivez-là ! Sachez donc que tout le monde a remarqué, dans les prisons, que le meilleur moyen d'être expédié subitement pour la guillotine est de lui écrire et d'attirer son attention, n'importe comment. Je pourrais vous en citer vingt exemples, à commencer par celui du Prince de Salm, qui ne voulut écouter personne, qui écrivit à Roberspierre avec une humilité qu'on pourrait appeler de la bassesse, et qui fut désigné pour l'échafaud deux jours après. Jugez ce qui vous arriverait à la suite d'une lettre de reproches ; et pour l'amour de Dieu, tenez-vous tranquille !

— Vous êtes une femme *supérieure*, me dit-elle avec un air de protection, je parlerai de vous dans mes Mémoires !

— Voulez-vous me rendre un service et me faire un plaisir ? lui répondis-je, en y mettant l'accent d'une gravité sévère et solennelle.

— Sans aucun doute, Citoyenne !

— Ne parlez pas de moi dans vos Mémoires, et n'écrivez pas une lettre de mon nom sur vos papiers qui peuvent être saisis d'une minute à l'autre par les commissaires de sûreté générale ou de salut public.

— Vous craignez la mort ! reprit-elle avec une sorte d'ironie farouche et je ne sais quel air de mépris.

— Je n'ai rien à vous dire et vous confier là-dessus ; soyez téméraire autant que vous le voudrez pour votre propre compte ; mais ne faites pas si bon marché de la vie des autres.... Je suis mère, poursuivis-je en m'attendrissant.

Elle demeura quelque temps sans parler. — Hélas! ne suis-je pas mère aussi? reprit-elle en fondant en larmes; et je ne saurais vous exprimer avec quelle éloquence, avec quelle admirable débordement de passion douloureuse, elle me parla de sa fille! Ce n'était plus la républicaine et la sophiste encyclopédique, c'était la femme délicate et la mère chrétienne; c'était une douleur biblique avec toutes ses pompes de style et ses images ingénues et ses déchiremens d'entrailles! — Je vous fais pleurer, me disait-elle en me baisant les mains qu'elle inondait de larmes.

— Ma pauvre enfant, je suis bien affligée de n'avoir à vous donner pour consolation que des pleurs stériles; levez donc les yeux vers le ciel...

— Votre compassion me rafraîchit le sang, m'encourage et m'énorgueillit, interrompit-elle; ce qu'il y a de plus rare que les perles, ce sont les larmes des vieilles gens; elles ne sont guère moins précieuses; elles leur coûtent si cher!... Je ne fus pas autrement choquée de ce manque de savoir-vivre, dans lequel une personne bien élevée n'aurait jamais tombé; car enfin, il n'était ni délicat ni poli de me rappeler ainsi mon extrême vieillesse, en s'étonnant que je n'en fusse pas comme pétrifiée.

Je n'ai jamais ni ménagé, ni voulu conserver aucune illusion qui ne fût pas de mon âge; mais le défaut d'éducation perce toujours sous la supériorité d'intelligence et d'esprit. J'ai fait cette réflexion-là bien des fois, en me rappelant cette comparaison et ce manque de tact de Mᵐᵉ Roland. Il y a dans les habitudes du grand monde une foule de règles qu'une personne d'un goût délicat ne blessera jamais, soit qu'on les lui ait signalées, ou soit qu'elle les ignore.

L'esprit peut très bien s'allier avec le ridicule, mais pour peu qu'on ait de jugement, on s'en trouve infailliblement préservé, ce qui m'a toujours fait penser que le bon goût provient plutôt du jugement que de l'esprit.

Mᵐᵉ Roland me dit ensuite je ne sais combien de choses sur le représentant Barbaroux dont elle se plaignit avec amertume : c'était relativement à sa conduite envers M. Roland, à ce qu'il me semble aujourd'hui, car je ne l'écoutai pas avec une grande attention sur le chapitre de ce beau Girondin. L'objet de ses amours n'est pas toujours celui dont on parle le mieux, a dit je ne sais qui, je ne sais pas où ; mais c'est toujours celui dont on parle le plus.

Elle me promit de ne me citer en aucune façon dans ses Mémoires, et l'on verra qu'elle n'a pas tenu parole. Nous nous séparâmes avec des effusions de sensibilité que j'aurais peine à concevoir aujourd'hui, si nos cœurs ne s'étaient pas accordés dans un même sentiment de tendresse et d'inquiétudes maternelles. Notre porte-clefs tomba malade, et je ne l'ai jamais revue, cette pauvre mère ! On nous dit, quelque temps après, qu'on l'avait transférée à la Conciergerie, et qu'elle avait péri sur l'échafaud.

Je vais interrompre mon odyssée terroriste, pour achever ce qui me reste à vous dire au sujet de cette malheureuse femme. Ceci va nous transporter à cinq ou six mois après ma sortie de prison, c'est-à-dire au mois de décembre 1794.

Un prêtre marié, nommé Soulavie, s'en fut trouver l'Abbé de Boulogne afin d'en obtenir une lettre d'introduction auprès de moi, qui ne voulus pas le recevoir (1). L'Abbé de Boulogne n'avait eu garde de me le recommander ; mais il avait supposé qu'une conférence avec ce prêtre apostat ne serait peut-être pas sans utilité pour nous, parce qu'il était dépositaire des Mémoires inédits de Mme Roland, où mon fils et moi nous trouvions fort maltraités. Il proposait de nous en confier le manuscrit, où nous ferions tous les retranchemens qui nous paraîtrait désirables, et ceci moyennant la somme de cinquante louis.

En rémunération de son obligeance et de son estimable procédé, j'envoyai promener l'abbé Soulavie, à qui je fis répondre (par Dupont) que je ne m'embarrassais guère de ce que Mme Roland pourrait avoir dit pour ou contre moi. La terreur était passée, et quand on aurait dû publier à dix mille exemplaires que j'étais une vieille femme absurde et bigote, je n'aurais pas voulu sacrifier une pistole pour empêcher une révélation qui m'inquiétait et nous importait si peu. Le citoyen Bésuchet avait imprimé de trop belles choses sur mon compte pour

---

(1) Étienne-Antoine de Boulogne, ancien Prédicateur du Roi Louis XVI, et Prieur de Marnay, depuis Évêque de Troyes, Comte et Pair de France, Archevêque élu de Vienne en Dauphiné, mort en 1826. (*Note de l'Éditeur.*)

que je ne fusse pas bien aguerrie. J'avais été sous le feu des accusations populaires, comme un airain glacé. J'avais la conscience tranquille, et c'est là ce qui m'a soutenue pendant toute la révolution. Écoutez bien ceci, mon cher Tancrède, et souvenez-vous-en. Quoi qu'on vous impute, il vous suffira toujours d'être né grand seigneur pour y répondre avec fierté; mais pour répondre avec dignité, il ne faut pas moins qu'avoir le cœur pur. La dignité, c'est la fierté légitime. Il n'y a pas plus de rapport entre la fierté et la dignité qu'entre une grande naissance et une bonne conscience.

L'abbé Soulavie fut trouver mon fils, qui lui compta les douze cents livres, qui fit des ratures à sa fantaisie, et qui m'apporta le manuscrit de Mme Roland, où j'ai toujours regretté de n'avoir pas vu ce qu'elle avait pu dire de lui et de moi. Soulavie dit ensuite à M. de Boulogne que les passages et les observations dont j'étais l'objet n'étaient pas de nature à me désobliger beaucoup, mais que votre père s'y trouvait calomnié de la façon la plus indigne et la plus étrange.

J'approuvai la détermination de mon fils; mais je me souviens que le Chevalier de Créquy entra dans un désespoir affreux de ce qu'on avait employé cinquante louis si mal à propos. — Vous auriez bien mieux fait de me les donner, nous disait-il, plutôt qu'à cet indigne abbé Soulavie, qui a épousé la fille d'un charcutier.

— La charcuterie ne fait rien à l'affaire, lui dit mon fils; je sais bien que vous ne dînez jamais qu'avec des boudins noirs ou des pieds de cochon;

mais je sais bien aussi que vous ne mangez pas la vingtième partie de votre revenu, et que vous n'avez aucun besoin qu'on vous donne de l'argent. Souvenez-vous du nom que je vous ai laissé porter, et tâchez de le faire honorablement moyennant la fortune que vous devez à la bonté de mon oncle.

Je ne sais plus ce que le Chevalier bredouilla sur ses revenus qu'on lui payait très mal, et sur son nom qui ne lui servait plus à rien ; mais je sais bien que je fus tellement impatientée de sa bêtise et de ses observations sordides, que je lui dis : — Monsieur, si vous voulez vous appeler Criquet au lieu de Créquy, ça sera faire honneur et plaisir à toute la famille de votre père. Il était mort le lendemain matin, non pas d'impatience et d'irritation, mais d'une indigestion de charcuterie peut-être? Il a laissé trente mille livres de rente, et l'on trouva chez lui cent soixante et tant de mille francs en quadruples et en louis d'or, sans compter des myriades de pièces de six francs et de petits écus, qu'il avait cachés dans tous les coins de l'hôtel de Comminges, et dont il avait rempli toutes les marmites de sa cuisine. Je vous en ai déjà cité des traits d'avarice inconcevables. Il était le digne fils d'un père extravagant, et j'espère que vous me saurez bon gré d'avoir fait stipuler qu'il ne pourrait jamais se marier sans renoncer aux 26 mille livres de rente que lui avait léguées votre grand-oncle. Jugez quel aurait été le désagrément de voir se perpétuer la descendance de M. de Canaples, en ligne folle et bâtarde? Mais il est temps d'en revenir aux Mémoires de Mme Roland, dont j'ai gardé le manuscrit pendant trois jours et que je me suis fait lire deux fois, afin d'en pouvoir porter un jugement plus équitable et mieux dégagé de toute prévention. Il n'est pas certain qu'on doive les publier, dit Soulavie, parce qu'on est en marché pour les vendre à un Anglais qui accapare tous les manuscrits et qui n'en laisse imprimer aucun ; en outre, ils peuvent être perdus ou détruits étourdiment. C'est à cause de cela que j'en ai fait un extrait ; et vous allez voir que c'est un document révolutionnaire assez curieux.

Il est à désirer que le démon de l'orgueil et de l'égalité ne vienne plus dévaster la France en égorgeant ses adversaires et finissant par dévorer ses apôtres ; il est à désirer surtout que les opinions philosophiques et politiques de Mme Roland, ne produisent plus chez nous leur effet naturel, en y soulevant les passions les plus aveugles, en déchaînant une populace en furie contre l'autorité du Prince et celle du Pontife, contre la prérogative héréditaire et les supériorités inoffensives de la noblesse ; enfin contre les notabilités viagères de la bourgeoisie, qui sont ou qui devraient être la vertu, le savoir, l'opulence et les talens !

J'ai vu dans la première partie de ces mémoires, et j'en crois Mme Roland sur sa parole, qu'elle avait une âme forte avec un esprit solide et fin. Elle était vive et recueillie, et bien qu'elle eût un caractère infiniment doux, elle ne voulait suivre aucun avis lorsqu'elle n'en voyait pas la nécessité. Elle ne cédait presque jamais à l'autorité paternelle, et quand ses parens finissaient par lui donner le fouet, elle leur *mordait les cuisses* en protestant contre une volonté qui n'était pas la sienne. Toutefois, après avoir étudié la sphère armillaire et le blason, après avoir lu Plutarque et les mémoires de Mademoiselle de Montpensier, *cette petite personne* voulait bien prendre le soin d'éplucher des herbes et d'écumer le pot. A l'âge de huit à dix ans elle descendait quelquefois l'escalier *toute seule*, à ce qu'elle nous dit ; c'était ordinairement pour acheter de la salade et des ciboules ; mais elle savait mettre à ces sortes d'emplettes *une telle dignité*, qu'elle était déjà, pour les fruitières et les marchandes de légumes, un personnage imposant. Voilà ce que Mme Roland nous présente comme un *heureux mélange d'études graves, d'exercices agréables et d'occupations domestiques qui l'ont rendue propre à tout.*

Elle ne tarda pas à faire connaître à ses parens combien il lui paraissait *insipide* et *dégoûtant* de s'adonner aux arts mécaniques ; on n'osa pas la contraindre à *friser des étuis*, et dès qu'elle arrivait de la promenade, elle se retirait dans un cabinet pour lire, écrire et méditer.

Elle avait, du reste, l'œil doux et fier, le sourire tendre et séducteur, l'attitude ferme et gracieuse, la démarche rapide et légère ; et Mme Roland nous confie qu'elle était si parfaitement agréable à ses propres yeux, qu'elle se trouva *presque heureuse* d'avoir été mise en prison, parce qu'elle pouvait s'y considérer plus à loisir et s'y contempler sans distractions.

Il paraît que Mme Roland n'avait pas toujours été stoïcienne, et pendant sa première jeunesse elle était même d'une timidité si particulière, qu'elle ne pouvait apercevoir un jeune homme sans en éprouver une *espèce de terreur*. L'effroi qui la dominait alors augmentait d'autant plus qu'un jeune homme était plus agréable, et Mme Roland, devenue conventionnelle et girondine, avait conservé de ses dispositions juvéniles une telle habitude de réserve, qu'en lisant et relisant l'histoire naturelle de Buffon, elle a toujours *sauté*, nous dit-elle, par-dessus l'article qui traite de l'homme, avec la promptitude et le tremblement d'une personne qui passerait sur un précipice. Il est alors bien surprenant qu'elle ait eu le courage d'écrire certain passage de ses mémoires, et surtout de l'avoir écrit avec un air de complaisance. C'est la marque assurée d'une résolution mâle et stoïque, car les détails en sont tellement licencieux, que l'effort qu'elle a fait a dû lui coûter beaucoup !

Après avoir médité sur la Philothée de Saint-François de Sales, elle avait formé le projet de se consacrer à la vie monastique; elle soupirait après ces temps où les fureurs du paganisme valaient aux généreux chrétiens la palme du martyre, et vous voyez qu'il y avait du luxe dans sa dévotion ! En suivant Mme Roland pas à pas, nous allons voir comment la philosophie a pu dissiper les *illusions d'une vaine croyance*, en lui dévoilant le *charlatanisme* des prêtres, le *ridicule de leurs histoires* et *l'absurdité* de leur religion.

Mademoiselle Manon Flipon, qui devait unir un jour ses destinées au vertueux Roland, quoiqu'il fût, nous dit-elle, *égoïste, revêche et fort négligé dans ses attitudes*, M. Flipon était, comme je vous l'ai déjà dit, la fille d'un ouvrier bijoutier, graveur et brocanteur. On imagine aisément que leur bibliothèque ne pouvait pas être bien nombreuse et bien choisie, mais comme elle avait pour la lecture un goût très vif, elle empruntait des livres aux ouvriers compagnons de son père, ou bien aux amis de la maison, ce qui n'avait pas beaucoup moins d'inconvénient. Ainsi le *Traité de la Tolérance* et le *Dictionnaire philosophique*, les *Questions encyclopédiques*, et le *Bon sens* du marquis d'Argens; *les Mœurs, l'Esprit, l'Espion turc* ; Diderot, Dalembert, Raynal et le *Système de la nature*, tout cela fut annoté, médité, goûté, commenté par l'auteur de ces Mémoires; et voilà les méditations qui servirent à lui former le cœur et l'esprit.

Les détails où nous allons entrer sont puérils, et par cela même ils ne sont pas indignes d'attention. Je vous ai prié de vous souvenir qu'une étincelle a toujours suffi pour produire un incendie, et l'on voit trop souvent de misérables causes avoir des effets notables.

On mena, je ne sais pourquoi, la fille de M. Flipon faire une visite au Marais chez une femme âgée, riche et plus ou moins noble. Mme Roland parle avec aigreur et curiosité de l'*hôtel* de cette dame et de son ameublement, de ses *laquais*, de sa mise *opulente* et du rouge qui marquait sa *qualité*. Au reste, Mme de Boismorel parlait d'une voix *haute et froide* ; sa physionomie annonçait l'habitude d'être *considérée*, avec l'assurance de mériter qu'il en fût ainsi. Mlle Flipon et Mlle Rotisset, sa tante, furent traitées par elle avec un peu moins de révérence que de familiarité ; mais il me semble pourtant que ce fut avec toute la bonté possible, ainsi que j'en ai pu juger par un procès-verbal en quatre pages écrites de la main de M·*me* Roland, et dont je ne vous rapporterai que la conclusion.

« J'avais soin d'éviter les regards de Madame
« de Boismorel. Je sentais mes joues animées ; mon
« sang circulait avec plus de rapidité que de cou-
« tume ; mon cœur était palpitant dans l'oppres-
« sion ! Je ne me demandais pas encore pourquoi
« ma bonne tante n'était pas sur le canapé, et ma-
« dame de Boismorel dans le rôle de mademoiselle
« Rotisset ; mais j'avais le sentiment qui conduit à
« cette reflexion philosophique.... »

Ainsi, *à la seule inspection du privilége et de la prérogative, à la première vision d'une supériorité factice et notoire*, on voit dans l'âme de l'auteur un germe d'envie, de haine et de révolte, dont il est bon de connaître la cause et dont nous allons suivre le développement.

Une fille de condition, nommée Mademoiselle d'Hannaches, est placée, pour ainsi dire, au second anneau de cette chaîne d'idées coupables ou fausses, qui devaient conduire un jour à l'échafaud M·*me* Roland, ses prosélytes et les victimes de leur vanité blessée. M·*lle* d'Hannaches était pauvre, elle était vieille ; M·*me* Roland nous assure qu'elle était gauche et maussade, et toutefois, les Procureurs-Généraux et les premiers Présidens lui parlaient avec un air de respect, *à cause de ses parchemins*, tandis qu'ils ne prenaient pas garde à la jeune personne *intéressante et studieuse* qui l'accompagnait à leurs audiences, après avoir rédigé ses placets. Voilà sans doute un singulier reproche à faire à des vieillards et surtout à des magistrats ; « mais les trésors de « la réflexion s'amassaient insensiblement dans une « tête rêveuse, » et Mlle Flipon décida bientôt que toutes les *institutions modernes* étaient des absurdités intolérables.

Un autre événement qui fournit douze ou quinze pages à ses Mémoires, est d'avoir accepté l'invitation d'un dîner chez M. Haudry, fermier-général, pour y manger à l'*office*, en s'étonnant de s'y trouver avec les camarades de son oncle, ancien domestique de la maison. C'est une déconvenue dont les Rois, la noblesse et les financiers sont devenus responsables : Mme Roland cherche à s'en venger sur l'ancien gouvernement, sur le Marquis du Chilleau, sur la famille de M. Haudry, qu'elle poursuit infatigablement jusqu'à la troisième génération, et la contrariété qu'elle endure imprime à son arrogance un caractère de fureur et de philosophie tellement risible, qu'on est véritablement réjoui de la mortification qu'elle éprouvait en se le rappelant.

« Lorsque, suffisamment nourrie de l'histoire « avec le sérieux d'un esprit solide et conséquent, » Mlle Flipon eut envisagé, 1° l'étendue du Monde ; 2° la succession des siècles ; 3° la marche des empires ; ensuite les vertus publiques, et puis les erreurs populaires, avec les phases des institutions sociales, elle se dit : EXAMINONS!

Après avoir examiné toutes choses de ce monde, Mme Roland fut persuadée qu'Helvétius avait peint les hommes avec une vérité parfaite ; mais pourtant, comme elle se sentait capable d'une *élévation*, d'une *force* et d'une *générosité* sans égales, elle ne voulut pas s'apprécier d'après les données générales et vulgaires de l'écrivain. En lisant le récit des actions les plus vertueuses et les plus mâles, elle se disait continuellement : — C'est ainsi que j'aurais agi ! Enfin, elle se demandait en gémissant : Pourquoi ne suis-je pas née républicaine et comtemporaine de Léonidas, d'Épaminondas ou de Philopœmen ?

C'est dans la sagesse de ces dispositions qu'elle fit un voyage de Paris à Versailles pour y voir la cour. C'était sous le patronage d'une fille de garde-robe de Madame la Dauphine ; et la mère et la fille logèrent au château dans un *détestable* appartement ! Mme Roland ne saurait oublier qu'on lui parla plusieurs fois avec un air de *protection !* La malheureuse demoiselle d'Hannaches avait encore affaire à Versailles, et comme elle pénétrait dans certains lieux, tels que l'orangerie, les bosquets et la chapelle, avec assez de facilité ; comme elle était saluée poliment par quelques vieux seigneurs, et qu'elle avait un cousin garde-du-corps, il est résulté de ces *priviléges*-là beaucoup d'animosité contre elle.

Le seul aspect de nos princes était un sujet d'irritation cuisante pour Mlle Manon que je vais laisser parler. « Je n'étais point insensible à l'effet
« d'un grand appareil ; mais je m'indignais qu'il
« eût pour objet de relever certains individus déjà
« trop puissans !... J'étais profondément blessée !...
« J'étais révoltée par le spectacle de la Cour !...
« Et lorsque ma mère me demanda si j'étais con-

« tente de mon voyage. — Oui, lui dis-je, pourvu
« qu'il finisse bientôt! Encore quelques jours, et je
« détesterai si fort tous les gens que je vois ici, que
« je ne saurai que faire de ma haine. — Eh!
« mon Dieu, quel mal te font-ils! lui répondit sa
« mère. — ENVISAGER L'INJUSTICE ET CONTEMPLER
« L'ABSURDITÉ! »

Il est à croire que Mme Flipon, née Rotisset, ne trouva pas grand' chose à répliquer à sa fille, laquelle est partie de là pour travailler sans relâche à l'établissement de la république, en négligeant pour cette fois les pondérations d'un examen appuyé sur l'autorité de l'histoire, sans envisager et sans contempler l'injustice de la mort de Socrate, de l'exil d'Aristide et de la condamnation de Phocion.

Après avoir suivi Mme Roland dans la carrière de l'erreur, dans ses égaremens, ses agitations et dans les folles joies du triomphe d'un jour, nous la verrons bientôt dans l'infortune. Insultée par les scélérats les plus vils, poursuivie par des tigres altérés de sang, victime indomptable! elle a dévoré ses larmes. Elle est montée sur un théâtre de carnage et d'horreur, sans autre appui que l'orgueil humain, avec une épouvantable sécurité!... Détournons les yeux d'un pareil spectacle et suivons les évènemens dans leur marche funèbre

CHAPITRE II.

Suite de l'analyse des Mémoires inédits de Mme Roland. — Ses prétentions aux belles manières et au beau langage. — Son mauvais goût dans le style famillier. — Son arrogance et son étrange conduite avec les montagnards. — Sa condamnation. — Son suplice. — Mort de son mari. — Suicide de Chamfort et de Condorcet. — L'Abbé Emmery à la conciergerie. — Le dernier banquet des Girondins. — Opinions de l'auteur sur ces utopistes.

Bien juger sans beaucoup savoir est une chose rare, et pour pouvoir d'abord se bien juger soi-même, en comparant son degré d'intelligence et d'habileté, il est indispensable aux meilleurs esprits d'avoir eu des rapports fréquens avec des gens d'esprit. Nous en trouverons toujours qui nous paraîtront supérieurs ou préférables à nous, en dépit de nous-mêmes, et ne fût-ce que sous les rapports les moins essentiels. Nous finissons toujours par être plus frappés des avantages qui nous manquent, que nous ne restons sensibles aux avantages que nous possédons, et c'est toujours une disposition favorable à notre jugement, en ce qu'elle est défavorable à notre orgueil : *cæcitatis mater et filia*.

Une jeune fille était née dans la condition la

plus inférieure, avec assez de facultés intellectuelles et d'élévation dans les sentimens, avec une vanité prodigieuse et je ne sais quoi de passionné dans son amour de soi : elle écoute avec une curiosité quelques discours philosophiques, elle se procure des livres dangereux, et comme elle n'est environnée que des gens les plus bornés ou les plus ignares, son prétendu savoir la gonfle, l'orgueil fermente et s'exalte, enfin le jugement s'obscurcit, et sa raison, ses sentimens et son imagination finissent par tomber dans un délire habituel. Voilà toute l'histoire de Mlle Flipon jusqu'à l'époque de son mariage avec M. Roland de la Platière qui n'était pas moins orgueilleux ni plus habile que son épousée.

Par suite de ces bonnes dispositions, à la suite de ses bonnes lectures et de sa bonne éducation, on concevra facilement qu'une demoiselle qui ne pouvait jamais « entendre le son de sa propre voix « sans avoir le cœur ému d'attendrissement, et qui « ne pouvait jamais se regarder et s'écouter parler « ou chanter sans enthousiasme, » était devenue d'une arrogance intraitable Ce n'était pas seulement les supériorités de convention qui la révoltaient, c'était les prétentions les moins ambitieuses à l'égalité la plus naturelle ; et quand un jeune artiste, un légiste, un littérateur osaient aspirer à la main de Mademoiselle Flipon, leurs prétentions ne lui paraissaient pas moins insupportables et moins insensées que les Honneurs du Louvre ou les droits de *Committimus*. Au demeurant, cette exigeante et dédaigneuse personne a grand soin de nous avertir qu'elle avait été demandée en mariage par une espèce de gentilhomme et par un grand nombre de négocians; par un médecin qui s'appelait Gardâne, et par un boucher qu'elle ne daigne pas nommer (Je vous dirai qu'il avait nom Graindorge).

Tandis que nos banquiers philosophes et nos manufacturiers publicistes voudraient nous faire envisager la prospérité de la monarchie dans la prospérité de leur trafic, et voudraient placer toutes les gloires de la société dans l'industrie mercantile, il est bon d'écouter la fille de M. Flipon, graveur orfèvre, et la démocrate épouse de M. Roland, inspecteur des manufactures, discourir sur les commerçans, sur les fabricans et sur l'esprit du négoce en général. Elle enveloppe dans un mépris commun *le petit bijoutier, le petit mercier, et le gros marchand de draps qui qui se croit supérieur aux deux autres;* l'esprit du commerce, est suivant M^m Roland, la source de l'avarice et de la *friponnerie;* il consiste tout entier dans la convoitise de l'or, avec le calcul d'en amasser et la ruse d'en multiplier les moyens; elle ajoute que tous les négocians sont *étrangers aux idées généreuses et à toute espèce de sentimens délicats.* Enfin Mme Roland termine sa diatribe, en établissant un parallèle entre les diamans et les petits pâtés; entre les joailliers de la couronne et les marchandes de croquet. Tous ces négocians et leurs *misérables* épouses lui paraîtraient absolument dans la même position, si ce n'est pourtant que les petits pâtés ayant leur prix fixe, on y peut moins tromper les acheteurs; et si ce n'est apparemment que les confitures et les godivaux sont ordinairement plus désagréables à toucher que des pierreries et des perles fines. Voilà de l'esprit d'analyse et d'observation bien employé.

Dans le récit qu'elle nous a laissé de la mort de sa mère, on voit plutôt les inspirations d'un esprit ardent que l'*empreinte de sa tendresse et de sa douleur incomparables*. Au milieu des sanglots et des plaintes, on y démêle aisément la vanité, la personnalité de l'écrivain et le calcul de ses intérêts alarmés. On entrevoit, dans cette scène de deuil, je ne sais quoi d'inexplicable et de plus affreux que la mort ; une irritation dédaigneuse, une espèce de rage impie, et comme un accès d'orgueil en révolte contre les destinées humaines et l'éternité de Dieu.

Le seul passage de ces Mémoires où j'aie trouvé de la sensibilité, c'est dans une lettre adressée par l'auteur, après sa condamnation, à une femme inconnue, qui avait consenti non sans peine et sans dangers pour elle, à recueillir sous un nom supposé la fille de Mme Roland... « Vous avez un fils, citoyenne, « et cette idée m'a troublée ; mais on m'a dit que « vous aviez aussi une fille, et je me suis sentie rassu- « rée : c'est en dire assez à une mère, à une per- « sonne telle que je vous suppose..... Mon état « produit de fortes impressions ; il ne comporte pas « de longues expressions. Adieu, ma fille !..... » Voilà pour cette fois la mesure et l'expression d'une affliction véritable ; c'est un cri qui part des entrailles et qui va frapper droit au cœur ; pour être étouffé, il n'en est que plus déchirant, et l'on dirait qu'en vertu d'une loi de la nature on n'entendra jamais les dernières paroles d'une mère affligée sans éprouver une émotion profonde.

Personne, à mon avis, n'a jamais plus mal écrit une lettre familière que Mᵐᵉ Roland : vous en allez juger par un échantillon de sa correspondance, dont on avait attaché les originaux à la suite du manuscrit de ses mémoires.

« Gosse me dit que l'ami que je lui ai connu est
« du parti aristocrate, et qu'il n'a pas voulu aller
« le voir depuis la perte de sa liberté : j'aurais pa-
« rié cela. C'est un M. Coladon, que j'appelais
« Céladon, dont la tournure mielleuse sent l'es-
« clave d'une lieue, et dont j'aurais donné cent
« pour un boiteux de la trempe de Gosse. Vertu!
« liberté! foin du reste et de tous les trônes
« du Monde! je le dirai à la barbe des souve-
« rains. »

Mᵐᵉ Roland nous avait prévenu qu'elle aimait à faire justice au moyen de ces *vérités fortes* qu'on jette au milieu des gens qu'elles offensent, et qu'elle énonçait les plus terribles sans s'émouvoir, en face des intéressés, et sans s'alarmer jamais de l'effet qu'elles produiraient sur eux !

Une de ses prétentions les plus manifestes, c'est l'observation des convenances et du beau langage ; toutefois, et dans tous ses écrits, on trouve une foule d'expressions du plus mauvais goût, avec des locutions qui sont tout à la fois recherchées et triviales, telles qu'*exister* au lieu de vivre, *me visiter* et *m'entretenir*, pour me faire une visite et me parler. Elle écrit que plusieurs *personnes du sexe* ont fait *sa connaissance*; elle parle ailleurs de la *vie cochone* de la campagne, et des citoyennes qui font *belle gorge,* et des *catins* du comité.

Ces expressions-là ne devraient pas être livrées à l'impression par une femme ; enfin, le style de Mme Roland se ressent toujours de ses habitudes familières : il tend souvent à l'affectation d'une virilité pédante ; mais l'enflure ne la préserve pas de la trivialité ; et quand elle veut s'élever dans la région politique, c'est toujours en style de 93, avec des phrases à la Danton. Elle est absolument pour ses *vertus républicaines* et pour Brutus, pour son *austérité conjugale* et pour Cornélie, comme les poètes du temps de la régence étaient pour les houlettes et les agneaux, pour les musettes et les nymphes champêtres.

En défendant son mari de plusieurs reproches que lui faisaient les montagnards, et tout en protestant qu'il n'était pas moins fier que les Domitius et moins considéré que les Gracques, Mme Roland convient pourtant qu'il n'avait rien négligé pour obtenir des lettres de noblesse ; ensuite elle établit longuement et complaisamment tous les droits qu'elle avait trouvé jadis à ce parfait républicain pour obtenir du Roi le titre d'*Écuyer,* avec ses priviléges d'armoiries et de livrées, de pain bénit, d'encens à la grand' messe et de girouette au colombier.

Je vous ai déjà dit que Mme Roland avait fait inutilement le voyage de Lyon à Paris pour y solliciter des lettres de noblesse. J'ai connu bon nombre de familles qui sont devenues successivement patriotes, démocrates et jacobines et dont les motifs étaient parfaitement analogues à celui de Mme Roland. « Il y aura, sans aucun doute, encore des « châteaux brûlés, » écrivait-elle à un de ses amis, le citoyen Champagneux, « et le mal ne serait pas « grand, s'il n'était à craindre que les ennemis de « la révolution n'en profitassent pour diminuer la « confiance des citoyens dans l'Assemblée natio- « nale...... »

Mme Roland de la Plattière aurait sans doute été moins indulgente pour les incendiaires, si son habitation féodale avait obtenu le titre de château, comme elle était venue me le demander quelques années auparavant.

M. Roland était devenu membre de la Commune et de l'Académie de Lyon; cette municipalité le députe à Paris pour quelques intérêts de commerce; il se fait bientôt remarquer par l'ardeur de son zèle, par sa fierté romaine, et par son affectation de sévérité laconique. Le parti qui domine alors force Louis XVI à l'accepter pour ministre, on est obligé de le renvoyer au bout de trois mois, et M. Roland se retire en emportant les regrets de la nation, comme il est prouvé par une attestation signée *Quinette*, délibérée par l'Assemblée Constituante, et datée de l'an III de la liberté. La France et la révolution ne pouvaient pas s'acquitter à si peu de frais avec un grand homme, et par suite d'une motion du conventionnel Isnard, il fut encore une fois appelé au ministère de l'intérieur après le 10 août, et conjointement avec l'illustre Danton.

Les jacobins, les cordeliers, les montagnards et les brissotins, ont toujours paru du même avis sur

un point de fait : et c'est à savoir que c'était Mme Roland qui dirigeait la conduite politique et tous les actes ministériels de son mari. Elle ajustait ses circulaires et rédigeait toutes ses notes officielles ; on la voit composer une adresse au roi *constitutionnel* pour exiger qu'il renvoie ses aumôniers, et pour lui reprocher, au nom du citoyen Roland, d'avoir été faire ses pâques à Saint-Germain-l'Auxerrois. On la voit écrire ensuite au *prince-évêque de Rome,* pour le prévenir, au nom de *l'humanité et du Directoire exécutif de la république,* d'abord, « qu'il était prince
« encore d'un État prêt à lui échapper ; ensuite,
« que la domination du Christ était tombée de vé-
« tusté ; que les siècles de l'ignorance, du despo-
« tisme, de la superstition, des rois et des prêtres,
« étaient passés pour jamais ; enfin, que les hom-
« mes ne pouvaient plus être attachés que par leur
« propre bonheur, et que telles étaient les maximes
« de la république française, trop sage pour avoir
« rien à craindre et pour avoir rien à taire. »

Il est à remarquer que c'est Mme Roland qui se révèle à nous dans ses mémoires, comme auteur et rédacteur des écrits politiques de son mari, et quelques feuillets plus loin, elle ajoute, avec la confiance et la suffisance qui ne la quittent jamais, que toute la gloire qui attend M. Roland dans l'histoire de France et dans la postérité, sera fondée principalement sur la sagesse admirable et la haute sublimité de ses écrits ministériels. Parmi les décisions tranchantes et les faux jugemens de l'auteur, c'est véritablement le seul arrêt qui méritât confirmation et qui l'ait obtenue. Toutes les opinions de Mme Roland sont tellement soumises à sa passion contre les prêtres et les nobles, qu'elle accuse le Marquis de Grave de se *trouver annulé par trop de fierté dans les manières,* et qu'elle reproche à l'Abbé Delille de n'avoir pas su lire les vers : et voilà deux sortes d'accusations dont je puis témoigner la fausseté.

Voici donc M. et Mme Roland ministres de la République : je ne les suivrai pas dans les « impressions harmoniques et régulières données par
« eux à tous les corps administratifs ; dans l'inspiration de cet ordre qui naît de l'équité parfaite,
« et de cette confiance qu'entretiennent sans effort
« une administration active, une correspondance
« affectueuse et la communication des lumières ;
« enfin, dans l'approvisionnement de la grande
« famille et le rétablissement de la paix des dépar-
« temens. »

Au milieu de cette période fortunée dans un nouvel âge d'or, ouvrage de M. Roland, il s'avisa de trouver mauvais qu'on eût pillé le trésor et le garde-meuble de la couronne ; il aurait également désiré que les prisonniers de Paris et d'Orléans eussent été *frappés du glaive des lois,* au lieu d'être égorgés par les septembriseurs ; mais le citoyen Danton, ministre de la guerre, lequel avait organisé les pillages et les massacres, ne voulait pas être contrôlé par ses collègues, et surtout par un couple ministériel dont la *modération la plus abjecte était le principe.* Tant de vertu lui parut insupportable, et le ménage Roland fut dénoncé par Marat, comme ayant voulu corrompre l'esprit public, en fomentant le *girondisme hideux et l'exécrable modérantisme !*

Cependant, M. Roland, soutenu par la conscience de ses vertus, et plein de confiance dans les vertus du peuple français, qu'il avait si bien cultivées, M. Roland, dis-je, ne se laissa pas intimider par les manœuvres des *cordeliers* : on vint pour l'arrêter au nom du comité révolutionnaire, et comme ce tribunal n'était pas encore établi d'après une loi conventionnelle, il ne crut pas être obligé, en bonne conscience, de se rendre en arrestation ; d'abord il protesta contre les mandats du comité d'*insurrection permanente*, ensuite il s'empressa de se donner la mort pour se soustraire à l'échafaud qui l'attendait, et pour conserver, autant qu'il était en lui, la *légalité* dans les actes judiciaires de la république (1).

Quelques mois plus tôt, *la citoyenne épouse du ministre* avait été mandée à la barre de la Convention nationale, pour être interrogée sur une correspon-

---

(1). Ceci rappelle assez le trait délicat de M. Barbé de Marbois, qui voulut absolument rester dix-huit mois de plus que tous les autres déportés ses collègues, à Synamary; au milieu des crapauds, des serpens à sonnettes et des crocodilles, dans la fange empestée jusqu'aux jarrets, sans pain, sans abri, sans habits, entouré d'anthropophages, et ceci pour avoir la satisfaction d'en être rappelé *constitutionnellement*, et par un décret *ad hominem*.— C'est le Directoire qui m'a fait condamner injustement à la déportation : je veux que ce soit lui qui me rappelle ! — Mais, citoyen Barbé, il n'y a plus ni Directoire exécutif, ni Convention nationale.— C'est égal ; je ne veux pas sortir de la constitution ! je ne connais que la constitution de l'an III ! Il a fallu toute la puissance consulaire pour décider M. Barbé-Marbois à se relâcher de son exigence. On disait de lui qu'il avait l'encolure de la physionomie d'un homme qui aurait été pendu *injustement*.   (*Note de l'Éditeur.*)

dance qu'on l'accusait d'entretenir avec des agens de nos princes et du cabinet britannique. Elle y parut toute éclatante de pureté civique et de fierté républicaine; elle y parla d'une manière si conventionnelle, et se défendit avec une confiance si courageuse et si mâle, qu'elle fut invitée, par acclamation des représentans du peuple, à prendre part aux honneurs de la séance et qu'elle y reçut *l'accolade fraternelle* du président. Ce ne fut pas là, sans doute, un médiocre sujet d'envie pour la citoyenne Chaumette et la citoyenne Danton! Quelques mois s'écoulèrent encore, et Mme Roland fut incarcérée dans les prisons de l'Abbaye.

Dans le temps de leur pouvoir, et peu de jours avant leur mise en accusation, son mari avait fait retrancher 3 francs sur 5, alloués jusque là pour la dépense et l'entretien de chaque prisonnier. Réduits à 2 fr. par jour, il leur était impossible de vivre après avoir acquitté les frais de conciergerie, et la providence a permis que ce fût la femme de Roland qui nous en ait fait la remarque après en avoir fait l'expérience.

Elle adressait incessamment lettres sur lettres et pétitions sur réclamations, les unes à la Section de l'unité, les autres au Comité de sûreté générale, à la Convention, à la Commune; elle écrivait au ministre Garat, au ministre Gohier; à celui-ci qu'il avait pris place entre *le crime et le déshonneur;* à celui-là que la postérité le couvrirait d'*infamie;* que l'épouse du vertueux Roland leur envoyait ses adieux *comme un vautour pour ronger leur cœur*, etc. Sa longue épître à Roberspierre est véritablement un acte de

folie : « Je ne vous écris point pour solliciter votre
« pitié, au-dessus de laquelle je suis, et qui m'of-
» fenserait, lui dit-elle ; mais je vous écris pour
« votre instruction (Songer à l'instruction de
« Roberspierre, hélas ! quelle ardeur pour la com-
» munication des lumières, et quelle obligeance
« extrême !) Vous assimilez vos partisans les plus
« dévoués à vos ennemis ; vous confondez dans le
« même traitement le patriote généreux, la femme
» honnête et sensible qui s'honore d'avoir une
« patrie, avec la femme orgueilleuse et légère qui
« maudit l'égalité. »

Après cette déclaration, bien modeste pour elle
assurément, Mᵐᵉ Roland finit par répéter trois ou
quatre refrains de sa gloriole accoutumée, en disant
que la plainte ne saurait convenir à sa grande âme ;
que la prière est faite pour l'esclave, et que l'histoire et la postérité des républicains seront ses ven-
geurs !

Aveuglée par un orgueil incomparable et tour-
mentée par la soif de la domination, agitée par la
haine et par l'impiété, cette malheureuse femme
avait certainement perdu la raison. On n'a jamais
rien vu de plus insensé que son attirail de moralité
pédantesque et d'athéisme, sa vanité démagogique
avec des tigres, ses dissertations législatives et ses
arguties constitutionnelles avec des hyènes, avec des
monstres affamés, pareils à ces animaux, l'horreur
et l'effroi de l'Orient, spoliateurs infâmes, qui fouil-
laient le sol de la patrie comme un vaste cimetière,
et qui violaient jusqu'à l'asile des tombeaux. « Il
« en adviendra ce qu'il plait AUX DIEUX ! » s'écr-

t-elle. On dirait que cette malheureuse était saisie par une main vengeresse, entraînée dans l'abîme, et poussée dans la destruction ; comme si la providence de Dieu, qu'elle insultait, l'avait abandonnée, pour *la dérision des anges*, à ces dieux aveugles et sourds qu'elle avait invoqués ! *elle attisait des feux souterrains avec une épée :* le meurtre entendit l'appel de la fureur ; on répondit à ses provocations et ses invectives en l'envoyant à l'échafaud.

Rien n'est aussi fatigant que la loquacité redondante et les interminables déclamations de Mme Roland, sur les dangers qui menacent la révolution française et sur l'amour ardent et sacré des institutions républicaines ; sur la corruption de l'esprit démocratique et sur la glorieuse infortune des *vingt-deux*. Eh ! que nous font à nous le civisme pur et les vertus du citoyen Brissot, le vertueux Vergniaud, le vertueux Gensonné et toutes ces vertus conventionnelles ? Nous avons absolument pour les complices et les antagonistes de Mme Roland, la même aversion qu'elle avait pour les lapidaires et les pâtissiers : tout ce qu'elle déplore est un sujet de félicitation pour nous : tout ce qu'elle implore est dangereux, coupable ou follement ridicule! Quand on a lu les manuscrits de cette femme, on est tellement choqué de son outrecuidance et révolté de ses opinions, qu'on est en quelque sorte affligé de rester insensible à ses malheurs.

Je vous ai déjà dit que le vertueux Roland s'était suicidé pour éviter la guillotine ; mais il est bon d'ajouter ici que pour se soustraire à l'échafaud qui les attendait deux mois après, Chamfort se coupa la gorge, et Condorcet avala philosophiquement un breuvage empoisonné dont il mourut.

Une chose dont je n'ai pas retrouvé la trace dans les mémoires de Mme Roland, et dont elle m'avait pourtant semblée convaincue, c'est que les jacobins de la Montagne avaient toujours été soudoyés et conduits par les intrigues de la Cour. — En effet, lui répondis-je, et puisque les aristocrates de 89 ont brûlé leurs châteaux pour en accuser le peuple français, ce doit être la cour et les courtisans qui doivent acheter au poids de l'or *l'incarcération, la condamnation, la peine de mort et la confiscation*, par un calcul perfide et pour décrier méchamment le régime populaire, en déshonorant le gouvernement républicain! C'était, du reste, une accusation commune aux girondins et aux montagnards; mais les premiers y croyaient véritablement: ce qui m'a toujours fait penser que *l'esprit de la Gironde* était le type de la niaiserie, de l'aveuglement et de l'ineptie révolutionnaires.

Cette faction des girondins était composée d'utopistes et de songes creux s'il en fut jamais. Je tiens de l'Abbé Emmery, qui se trouvait prisonnier à la Conciergerie en même temps que lesdits girondins, que la veille de leur supplice, après souper, ils passèrent tout le reste de la nuit à discuter pédantesquement sur l'existence de Dieu et l'immortalité de l'âme, chacun à tour de rôle et pour ou contre. On finit par aller aux opinions, et le matérialisme fut décrété à la majorité d'une voix. Ce digne et docte M. Emmery, qui est présentement supérieur du séminaire de St-Sulpice, avait eu le bonheur de convertir dans sa prison le conventionnel Fauchet, évêque constitutionnel du Calvados, dont il obtint la rétractation, et qui mourut avec les girondins dans les sentimens du repentir et de la dévotion la plus satisfaisante. Toutes les fois qu'il était question d'envoyer l'Abbé Emmery à l'échafaud, Fouquier-Tinville s'écriait : — Non pas, s'il vous plaît! non pas; c'est un homme dont j'ai besoin, laissez-le moi; il n'y a jamais de révolte à craindre dans les prisons où il se trouve, et quand il se met à prêcher les condamnés, il les fait aller à la mort aussi doucement que des brebis. C'est un fameux aide pour la police des prisons; je ne veux pas qu'on me tue mon calotin !

CHAPITRE III.

La prison des oiseaux. — La Princesse de Monaco. — Les Duchesses de Choiseuil et de Gramont. — L'Abbé Texier. — Courage du clergé français. — Mort de Mme de Gramont. — Remise des papiers qu'elle avait légués à l'auteur. Valère-Maxime et Massillon. — La prophétie de Cazotte. — Un grand Cophte et ses procédés pour la divination. — La prison des Carmes. — Théroigne de Méricourt. — Vision sur le général Beauharnois dans sa prison. — Ses dernières dispositions et sa mort. — Quelques mots sur Mme Bonaparte sa veuve. — Le jeune Épaminondas. — Anecdotes du temps.

Ne supposez pas que je sois à la fin de mes épreuves et de mes afflictions révolutionnaires. Au bout de quatre mois de séjour à Sainte-Pélagie, je fus transférée dans la maison d'arrêt, dite *des Oiseaux*; c'était, disait-on, pour faire de la place aux conspirateurs du camp de Jalès et du comtat Venaissin ; mais sans vous parler du profit que le geôlier de Sainte-Pélagie pouvait trouver à me faire déménager, je vous dirai que cette maison des Oiseaux était de toutes les prisons de Paris la plus saine, la plus commode et la plus paisible ; je puis même ajouter, sans péril et sans inconvéniens, pour aujourd'hui, que Dupont m'avait obtenu cette faveur à prix d'argent.

Ma nouvelle habitation se trouvait située sur le boulevard des Invalides, au bout de la rue Notre-Dame-des-Champs. C'était le Marquis du Lau d'Allemans qui l'occupait avant la révolution, et son nom *des Oiseaux* lui provenait du peuple et des bonnes d'enfans de ce quartier, au regard et à l'égard d'une belle volière qui se trouvait au bout du jardin de cet hôtel, et qui se voyait du boulevard (1). Au premier coup de cloche de la révolution, les patriotes de la section Plumet-National n'avaient pas manqué d'escalader la grille ou les murs d'enceinte, et de venir briser les grillages de ladite volière, afin de rendre à la liberté tous ces malheureux esclaves qui ne s'en sont pas mieux trouvés que les Parisiens, car ils manquèrent de nourriture et ils furent escoffiés par des chats. Je n'avais aucune peine à faire convenir M. d'Allemans de ce que l'histoire de sa volière était l'image de la révolution française.

Je fus enchantée de retrouver là M${}^{\text{me}}$ Joseph de Monaco, qui, comme je l'espérais bien, me fut d'une grande ressource. Quoi qu'elle eût naturellement de sages pensées, des idées religieuses et des dispositions charitables, elle avait l'esprit très malin. Avec l'imagination gaie, elle avait le cœur triste ; c'est la plus aimable espèce de gens ; mais bien qu'elle eût acquis assez de connaissance du

---

(1) C'est à présent une communauté d'Augustines appelée *Couvent des Oiseaux*, où se trouve un des pensionnats les plus nombreux et les plus recommandables du royaume.

(*Note de l'Éditeur.*)

monde et du cœur humain, elle n'avait aucune expérience de certaines choses vulgaires, et je lui disais toujours : Ma pauvre princesse, vous êtes de ces femmes qui croient que les diamans naissent dans les chatons et les fruits dans les corbeilles.

Je me souviens qu'elle avait, à portée de voix, du côté de sa chambre, une famille vocale et instrumentale admirablement experte et qui lui faisait souffrir le martyre ; elle ne pouvait s'expliquer une disposition qui n'avait rien d'analogue à ses habitudes passées, car elle avait eu pendant toute sa vie la passion contraire à cette aversion-là.

Je me suis souvent demandé pourquoi la musique *légère* m'est insupportable, tandis que la musique qui prie et la musique qui pleure ont beaucoup de charme pour moi ?

Mme de Monaco me dit un jour, et tout uniment, comme si de rien n'était : — La musique me fait un mal affreux depuis que je ne suis plus jeune. Elle me cause des émotions sans me donner des affections.

Si Mme de Monaco avait connu les choses de la terre aussi bien qu'elle distinguait les choses du cœur, on n'aurait jamais vu plus habile femme. Elle a toujours été bienveillante et bienfaisante ; mais elle n'était pas restée capable d'amitié, parce qu'elle avait éprouvé trop d'amour et trop souvent. Il en est pour les sentimens comme de la grammaire, où le superlatif exclut toujours le comparatif.

Nous avions encore, en fait de bonne compagnie, la Duchesse douairière de Choiseul, qui philosophait toujours à sa manière, avec une aridité paisible et souriante (1), et puis la Vicomtesse de Maillé qui s'exhalait en lamentations et se fondait en larmes, avec toute raison, car on lui avait guillotiné son fils qui était le plus aimable enfant du monde et qui n'avait pas dix-sept ans.

Nous avions dans cette maison la consolation de recevoir tous les sacremens de l'église, par le ministère de l'Abbé Texier, Chanoine de Chartres et Chapelain de la Reine, lequel avait été arrêté dans un appartement contigu à celui de l'Évêque de Beauvais, ce qui l'avait fait *soupçonner* d'être *suspect*; mais comme il avait déclaré s'appeler Olivier, ce qui était réellement son nom de baptême, et comme il n'était connu que de nous autres, il se trouvait en pleine sûreté. Il n'en était pas ainsi des saintes espèces eucharistiques et d'extrême-onction que nous ne savions où cacher pour les préserver de la profanation, en cas de fouilles et de perturbations jacobines, et je me souviens qu'un jour où l'on prévoyait une visite domiciliaire, nous imaginâmes de transvaser les saintes-huiles dans un flacon dont nous retirâmes du *neroly*, et nous allâmes jeter dans un puits le petit vase d'argent qui les avait contenues et dont la découverte nous aurait certainement fait mettre à mort à cause de sa forme ecclésiastique et parce qu'il était surmonté d'une petite croix. Voilà quelle était la liberté dont on jouissait.

J'avais imaginé de cacher nos saintes hosties dans

(1). Louise-Honorine Crozat du Châtel, Marquise de Kerman, veuve d'Étienne-François, Duc de Choiseul, premier ministre de Louis XV, morte à Paris en 1799, âgée d'environ 75 ans.

quelque *mauvais* livre, une à une et feuille par feuille ; j'entendais que ce fût un assez mauvais livre pour ne pas être confisqué par un envoyé du comité de Salut public; mais je tenais par-dessus toute chose, à ce que ce ne fût pas un assez mauvais livre pour me faire commettre un acte profanatoire ou même une sorte d'irrévérence en en faisant un pareil usage ; enfin je me décidai pour un exemplaire du *Contrat Social* dont l'auteur m'avait fait présent, et que j'avais fait venir aux Oiseaux pour le prêter à la Duchesse de Choiseul, parce que tous ses effets avaient été mis sous les scellés, et qu'elle n'en voulait pas moins ruminer droit naturel et philosophie moderne. Le Contrat Social avait toujours été l'objet de mille disputes entre son auteur et moi, et s'il avait pu supposer que je me trouverais jamais dans le cas où la nécessité de faire de son mauvais livre un emploi qui fût analogue à celui d'un saint-ciboire, il aurait été furieusement surpris, mon pauvre Rousseau ! Que devant le bon Dieu soit son âme.

Quant à l'Abbé Texier, je ne pouvais regarder ce vertueux et courageux prêtre sans me rappeler cette grande scène où tous les députés du clergé de France avaient refusé de prêter serment à la constitution schismatique de M de Talleyrand. — A la lanterne ! criait-on dans les couloirs de l'Assemblée nationale. — A la lanterne ! criait-on jusque dans les tribunes. — M. l'Evêque d'Agen, vous êtes réquis de prêter serment ! — M. le Président, je le refuse ! M. l'Abbé Texier, prêtez serment ! — Je le refuse..... Et les égorgeurs étaient à la porte ; et l'Abbé Maury leur disait avec le ton du mépris :

— Quand vous nous aurez mis à la lanterne, en verrez-vous plus clair ? Il est bien remarquable, en vérité ! qu'à l'exception du Duc d'Orléans et de Mme Dubarry, on n'ait pas entendu citer, pendant la révolution française, une seule personne pour avoir manqué de courage ! Excepté les femmes entretenues et des espèces d'homme comme Philippe-Égalité, tout le monde a montré du courage dans ce pays-ci ! Les volontaires de la république n'ont certainement pas signalé plus de bravoure et de résolution que les prêtres français.

Ce fut aux Oiseaux que nous apprîmes la généreuse et courageuse fin de la Duchesse de Gramont (1) qui, après avoir essayé de parler en faveur de la Duchesse du Châtelet, avait refusé de répondre à ses juges pour son propre compte ; elle se contenta de leur dire que leur justice n'était que le *fantôme d'une furie*, que leur simulacre de jugement était dérisoire, et qu'elle s'étonnait qu'on daignât proférer devant eux autre chose que ces quatre mots : *c'est moi : tuez moi !*

Quatre à cinq jours après la mort de Mme de Gramont, Mme de Choiseul entra dans ma chambre et me remit deux papiers qu'elle venait de recevoir de la part de sa belle-sœur, avec prière de me les faire parvenir en témoignage de souvenir et d'amitié. C'étaient deux manuscrits de mon écriture, et la défunte avait demandé qu'on les brûlât, si je ne vivais plus. C'était d'abord un passage de Valère-

---

(1) Béatrix de Choiseul-Stainville, d'abord chanoinesse de Bouxières, ensuite, mariée en 1764, à Antoine-Charles, Duc de Gramont. *Voyez* à leur sujet la note, page 161 du tome V.

Maxime sur l'amitié fraternelle, que Mme de Gramont m'avait priée de lui traduire, et puis c'était une prière que l'Évêque de Clermont, M. Massillon, m'avait donnée en 1736, et que j'avais copiée pour elle, il y avait à l'environ de 56 ans, peut-être?

Il paraît que Mme de Gramont portait toujours sur elle ces deux pages de mon écriture, et je fus sensiblement touchée de cette marque de son attachement pour moi; j'en fus édifiée, je puis dire, et voici que j'ordonne à Dupont d'ajouter ces deux vieilles feuilles manuscrites à cette page où j'en vais rester pour aujourd'hui.

CITATION DE VALÈRE-MAXIME,

Traduite par Mme de Créquy, en 1745.

« Quelle douceur, ô mon frère! n'y a-t-il point
« dans cette pensée; nous avons été formés dans le
« même sein, nous avons été reçus dans le même
« berceau, nous avons donné aux mêmes parens
« les noms chéris de Père et de Mère : ils ont fait
« pour nous les mêmes vœux, et la gloire que nous
« tirons de nos ancêtres nous est commune. Une
« femme est chère, des enfans sont aimables et des
« amis sont précieux, mais les sentimens que nous
« prenons dans la suite de notre vie ne sauraient
« avoir la profondeur et la solidité de ceux qui sont
« nés avec nous. »

PRIÈRE DONNÉE PAR MASSILLON, A Mme DE CRÉQUY
EN 1736.

« Grand Dieu! finissez mes peines en guérissant

« mes plaies; fixez mes irrésolutions; soulagez mon
« cœur en brisant ses chaînes; je les déteste et je
« n'ai pas le courage d'y toucher. Laissez-vous flé-
« chir à mes vœux et ne regardez pas mes œuvres.
« Ecoutez mes désirs et fermez les yeux sur mes
« faiblesses. Terminez le combat que je sens en moi.
« Rendez-vous le maître de mon âme. Devenez le
« plus fort dans mon cœur. Ce n'est plus moi qui
« vous résiste, ô mon Dieu ! c'est la faiblesse, c'est
« l'ascendant de la corruption, c'est le long usage
« du mal. Prenez-moi donc pour votre partage,
« arrachez-moi au monde et aux créatures pour les-
« quelles vous ne m'aviez point fait, et détruisez
« en moi cette créature du péché qui est devenue
« plus forte que moi-même. Donnez-moi le courage
« de correspondre à cette grâce divine que je porte
« au milieu des écueils, dans un vase bien fragile !
« Seigneur, ayez pitié de moi; c'est le seul cri, la
« seule prière qui puisse exprimer tout à la fois les
« vœux que je forme et les besoins que je ressens. »

Il est vrai que Cazote avait fait une prophétie formidable à Mme de Gramont, en présence de Mesdames de Simiane et de Tessé; mais, dans le souvenir qui m'en reste, elle n'était pourtant pas aussi précise qu'on pourrait le supposer d'après la version que M. Laharpe en a fait circuler après sa sortie de prison. Pour y donner plus d'importance et d'autorité, il allait disant partout qu'il tenait cette prophétie d'une amie de Mme de Gramont, Mme de Clermont-Tonnerre (Stanislas), laquelle avait pris la peine de lui faire apprendre son catéchisme pen-

qu'ils étaient prisonniers ensemble ; mais votre tante de Clermont m'a dit et protesté que, lorsqu'elle avait ouï parler de cette prophétie pour la première fois, c'était par M. Laharpe ; ainsi tout donne à penser qu'il aurait ajusté la chose à sa guise, et sans trop s'inquiéter de l'exacte vérité, ce qui est assez vilain !... Je me suis toujours reproché de n'avoir pas écrit cette prophétie de Cazote, ce qui m'aurait été bien aisé sous la dictée de Mme de Gramont ; MM^mes de Simiane et de Tessé ne se souvenant jamais de rien, sinon des bulletins de la guerre d'Amérique et des madrigaux de M. Cerutti.

Nous avions dans cette maison d'arrêt un vieux M. Duvivier, disciple-voyant de Cagliostro, qui révélait des choses prodigieuses, au moyen d'une colombe et d'une carafe, et c'était la nièce du greffier, jolie petite fille de six à sept ans, dont il se servait pour ses opérations magiques.

Il fallait que cette *pupille* ou *colombe* fût en état d'innocence, ou du moins en état d'*impeccabilité*, disait-il : or, il est de précepte ou d'observation parmi les balsamites que l'âge, ou l'époque du *discernement* pour le bien comme pour le mal, est fixé tout justement et précisément à la fin de la sixième année révolue. Il assurait qu'une fille de huit ans n'apercevait jamais rien dans ses carafes. Ces gens-là ne sont pas chrétiens et encore moins catholiques ; aussi ne pouvais-je assez m'étonner de cette concordance parfaite entre cette condition pour opérer des sortiléges, et le saint précepte de l'Église, qui n'astreint les enfans à la confession de leurs péchés qu'à l'âge de sept ans. La prescience n'appartient qu'à Dieu (1), mais le démon n'ignore de rien, pour le présent et le passé ; Cagliostro, son adepte, était pleinement convaincu de la puissance et de la vérité de la religion catholique ; il était impie sans être incrédule ; il avait une foi bien établie sur la parfaite connaissance des faits historiques, et c'est là ce que saint Ambroise appelle *la foi du diable.*

Nous avions été mandés et assignés pour être ouïs dans la prison des Carmes, où l'on prétendait avoir été faite je ne sais quelle conjuration qui devait s'être ramifiée dans un certain nombre de maisons d'arrêt, et notamment dans celle des Oiseaux. On nous fit marcher à la suite d'une procession républicaine en l'honneur de l'Agriculture ; ensuite on nous fit passer le guichet des Carmes, et comme le commissaire de sûreté générale, qui devait nous interroger, n'était pas encore arrivé à huit heures du soir, on prit le parti de nous y garder jusqu'à l'arrivée dudit commissaire, et nous y passâmes toute la nuit assis sur des bancs. Mme de Valentinois en était dans une colère affreuse, et disait qu'elle ne manquerait pas de dénoncer un pareil fonctionnaire à la Convention nationale.

Quoi qu'il arrive en France, on a toujours grand'peine à n'y pas compter un peu sur la justice du gouvernement. Le mot *gouvernement* nous représente toujours une certaine idée de protection, d'équité secourable et de bonne volonté qui tient à notre ancienne habitude. J'ai souvent eu l'occasion

---

(1) Vous ne faites pas telle ou telle action parce que Dieu l'a prévue ; mais Dieu l'a prévue parce que vous la feriez.

de combattre cette sorte d'illusion qui n'est jamais sans danger quand un gouvernement n'est pas légitime et ne saurait être équitable, par conséquent.

Vous pensez bien qu'on ne savait que faire et qu'on s'ennuyait en attendant ce commissaire, qui ne vint pas nous interroger, au surplus, car il avait appris que c'était une fausse alerte, et l'on nous reconduisit au poulailler comme un troupeau d'oies, dans la soirée du lendemain (qui était un décadi de je ne sais quel mois d'hiver, où il faisait un temps de loup). Nous vîmes arriver par la rue Cassette une troupe de sans-culottes qui devaient nous escorter jusqu'aux Oiseaux, ce qui n'était pourtant pas loin des Carmes, et le chef de l'escorte était Mlle Théroigne de Méricourt avec une pique à la main. Comme elle avait sur la tête un petit drapeau tricolore en forme de girouette carrée, qui était de la grandeur d'une feuille de papier à lettre, et qui était fiché dans son bonnet de grenadier, à poils noirs, et comme c'était-là son privilége personnel, on ne pouvait s'y méprendre; mais, du reste, elle ne nous dit aucune injure, ce qui tenait peut-être à ce qu'elle ne pouvait parler, et ne faisait que tousser, à cause d'un gros vilain rhume qu'elle avait eu tort de négliger, car elle est morte six semaines après (1).

Je vous ai fait sortir de la prison des Carmes un

---

(1) C'était une erreur qui fut publiée par le *Journal de Paris* et qui fut accréditée par la disparition de cette créature. Elle était tombée subitement dans la démence la plus furieuse; elle avait blessé d'un coup de couteau la femme du député Le Carpentier, et deux commissaires de la Convention la conduisirent à la Salpétrière où elle n'est morte qu'à la fin de l'année **1817**.

peu trop vite, et nous allons y rentrer pour assister au sortilége du M. Duvivier, à qui la Vicomtesse de Beauharnois (1) avait fait demander des nouvelles de son mari. On savait qu'il avait dû comparaître pendant la matinée de la veille au tribunal révolutionnaire, et les journaux n'avaient pas encore parlé de son jugement.

C'était au milieu de la nuit : on fut réveiller une petite fille de la geôle, et moyennant un assignat de cinquante francs qui valait quarante sous, le père de la *pupille* arrangea tout ce qu'il fallait à M. Duvivier, le grand Cophte, ce qui consistait dans la petite fille, avec une table, une carafe remplie d'eau claire et trois bouts de chandelle. On les disposa comme en triangle autour de la carafe au plus près possible, afin que la *colombe* y vît plus clair, et M. Duvivier lui tenait ses deux mains sur la tête, en lui disant : — Voyez ! voyez ! — Que voyez-vous ?

Il avait dressé son intention sur M. de Beauharnois, et la petite fille répondit en réchignant : — Je vois dans une petite chambre un citoyen qui dort à côté d'un autre citoyen qui écrit sur un papier qui est sur un gros livre.

— Savez-vous lire ?

— Oh ! non, citoyen. — Ah ! le voilà qui coupe ses cheveux et qui les met dans un papier...

Elle avait toujours la camisole de force et s'était rongée les mains jusqu'à l'avant-bras, comme une hyène enragée.
(*Note de l'Éditeur.*)

(1) Joséphine-Rose Tascher de la Pagerie, femme en secondes noces de Napoléon Buonaparte, morte au château de Malmaison le 29 mai 1814, âgée d'environ 54 ans. (*Note de l'Éditeur.*)

— Celui qui dort?

— Mais non, celui qui écrivait tout à l'heure. Il écrit sur le papier où il a mis ses cheveux, il ouvre un petit portefeuille rouge, il compte ses assignats, il les remet dans le porte-feuille, il se lève, il va tout doucement...

— Comment *tout doucement?* Vous n'avez pas dû jusqu'à présent entendre le moindre bruit?

— Mais tout doucement, parce qu'il a l'air de marcher sur la pointe des pieds...

— Que voyez-vous à présent?

— A présent, il a sa tête appuyée sur ses deux mains, je ne vois plus sa figure.

— Mais qu'est-ce qu'il a fait de son portefeuille?

— Ah! dame, il a fourré son portefeuille avec son paquet de cheveux dans la poche d'un habit qui est sur le lit de celui qui dort.

— De quelle couleur est cet habit?

— Je ne sais pas; c'est je ne sais pas comment, gris, brun, rouge, ou..... je ne sais pas..... Il est doublé de soie bleue avec des grands boutons brillans.

— C'est assez, c'est assez, répondit le grand Cophte à sa Colombe; allez vous recoucher, poursuivit-il en lui soufflant sur le front. Le général Beauharnois existe encore, nous dit-il, mais tous ces arrangemens-là ressemblent terriblement à des préparatifs d'exécution pour ce matin. Il aura sûrement été condamné dans la journée d'hier et séance tenante; mais ce n'est pas la peine d'en rendre compte à sa pauvre femme; elle ne l'apprendra que trop vite, et tout ce que je vais lui faire dire là-dessus, c'est que son mari était encore vivant à deux heures après minuit. Le journal du soir annonça qu'il avait été supplicié dans la journée.

On a su, de manière à n'en pouvoir douter, que la Duchesse d'Anville avait reçu quelques jours après un paquet de cheveux que lui adressait un jeune prisonnier de la Force appelé M. de Segrais, lequel avait été le camarade de chambre de M. de Beauharnois, et lequel avait trouvé ce même paquet dans une de ses poches, avec un billet à l'adresse de Mme d'Anville. D'un autre côté, Mme de Beauharnois fit voir à tous les prisonniers des Carmes une lettre que son mari lui avait écrite la veille de sa mort, et dans laquelle il disait, assez ridiculement du reste, que les auteurs de son supplice étaient des *aristocrates déguisés en patriotes;* et puis c'était des protestations d'un amour ardent pour la *république française* avec des vœux pour le maintien de la *liberté*, des imprécations contre les *tyrans*, et des recommandations pour élever ses deux enfans dans le *civisme*. Je pense qu'il avait perdu la tête, ou peut-être espérait-il empêcher la confiscation du peu de biens qu'il avait, au moyen de cette belle déclaration? Toujours est-il que ce fut un acte d'opiniâtreté scandaleuse, et que si Mme sa femme avait eu plus d'esprit de conduite avec des principes un peu mieux arrêtés, elle en aurait gardé le lacet (1).

---

(1) Cette lettre du général Alexandre Beauharnais se trouve

Je n'estimais guère et je n'aimais pas du tout la Vicomtesse de Beauharnois, qui du reste n'avait aucunes relations fréquentes avec la famille de son mari. Mme de Kercado (c'est encore Mlle de Malézieu et non pas ma nièce de Saulx-Tavannes), Mme de Kercado, qui était sa compagne de chambre en arrestation, ne pouvait s'empêcher de remarquer que cette créole avait la sotte vanité de parler continuellement de la cour de France, comme si elle y avait passé sa vie, tandis qu'elle n'avait jamais pu mettre les pieds à Versailles, à moins que ce ne fût en béyeuse et dans les galeries, pour y voir passer la famille royale. Elle n'avait pas été présentée, et je ne sais pas exactement ce qu'en aurait pensé M. Chérin (1).

Un des plus justes motifs de notre prédilection pour la prison des Oiseaux, était la faculté de nous y procurer journellement les papiers-nouvelles, et tout autant de lettres qu'on nous en voulait écrire. C'était moyennant la rétribution bien régulière et bien cachée d'un double louis par semaine; on n'y voulait pas entendre parler d'assignats, et ceci ne laissait pas de constituer un appointement de quinze à dix-huit cent louis par mois au profit de notre

imprimée dans plusieurs journaux du temps, et la substance que l'auteur en donne est d'une fidélité scrupuleuse.

(*Note de l'Éditeur.*)

(1) Quand je me crus obligé de me rendre à l'audience du général Buonaparté, son second mari, je ne voulus pas avoir l'air de m'appuyer sur elle, et je ne lui dis pas du tout que nous eussions été dans la même prison. (*Note de l'Aut.* 1802.)

geôlier, le citoyen D. T....., lequel est aujourd'hui propriétaire de l'abbaye d'Il........ et grand fabricateur de cotonnades. Je ne lui reproche assurément pas les cent quarante-six louis qui sont tombés de ma bourse dans sa cassette. C'était un Normand fin comme l'ambre; il n'a jamais ni compromis ni maltraité ses prisonniers, et s'il n'avait pas acquis un bien du clergé, je n'aurais aucun mal à dire de lui.

Il avait un tout petit garçon qui était le plus aimable du monde et qui vous ressemblait (je n'ai pas voulu vous dire une fadeur, attendu que je ne pensais qu'à votre figure). Je le trouve un jour à notre bureau de correspondance, inondé de larmes et qui suffoquait de sanglots! — Pauvre petit Épaminondas! et qu'est-ce donc qui vous arrive et vous a mis en pareil état? Auriez-vous perdu quelque bataille de Leuctre ou de Mantinée?... Il en eut un redoublement de cris si déchirans que j'en eus frayeur.

— Mais qu'est-ce qu'il a donc cet enfant qui ne pleure jamais? dis-je à son père avec un mouvement d'inquiétude sérieuse et de compassion.

— Il a, me répondit le concierge, avec un air épouvantable, il a, qu'il a volé du sucre! il en a volé par deux fois, deux jours de suite...... Oh! par la sabre de bois blanc-bleu! j'ai dit à ma femme: Il faut en finir avec un monstre d'enfant comme celui-là; il faut que je le punisse et qu'il s'en souvienne! — Ma foi, il en arrivera ce qui pourra; mais je lui ai mis la dame de carreau dans sa culotte! il a la dame de carreau dans sa culotte.

et c'est ce qui le fait pleurer, beugler, s'épouvanter et se désespérer comme vous voyez !

— Épaminondas, dis-je à mon petit protégé, **voler du sucre est un crime inconcevable !** c'est une chose infiniment coupable à votre âge, et surtout quand le sucre est à cent quatre-vingt-six francs la livre en assignats ! Rendez grâce à l'indulgence et à la parfaite bonté de votre père ; il aurait pu vous mettre la dame de pique dans le dos, et vous sentez bien que Mlle Théroigne est comme une peau de cygne en comparaison ! vous avez si grand' peur de Mlle Théroigne, imaginez donc ce qu'il en serait si vous aviez la dame de pique dans le dos ? c'est-à-dire que rien que d'y penser doit donner la fièvre ! ainsi ne touchez plus au sucrier.

Il avait encore deux petits enfans, notre concierge ; et pendant qu'ils étaient bien malades de la rougeole pourprée, je me levai la nuit et je m'en fus les baptiser tous les trois ; j'en fis des chrétiens sans qu'il y parût, et c'était sûrement la dernière chose à laquelle on aurait pensé dans cette famille. C'est une révélation que j'ai faite à madame leur mère, en sortant de prison, pour que ces pauvres enfans sachent à quoi s'en tenir si Dieu leur prête vie (1).

---

(1) Épaminondas est plus connu de ses contemporains sous le nom de Casimir, attendu qu'on lui fit abandonner son prénom de 93, à l'époque du Consulat. Il est toujours dans l'enthousiasme de la méthode à la Lancastre, de la vaccine, des soupes économiques et des trônes populaires. Il est devenu membre de la Légion-d'Honneur ; il a eu *celui* d'épouser une proche parente de M. de Montalivet, et comme il est pourvu d'un

emploi dans la maison de M. le Duc d'Orléans (Louis-Philippe), on pense qu'il ne s'est pas opiniâtré dans cette mauvaise habitude de son enfance? Il aura 51 ans l'automne prochain, et nous pouvons certifier qu'il a reçu le baptême à l'âge de sept ans, comme le rapporte l'auteur.

(Note de l'Éditeur.)

CHAPITRE IV.

L'association royaliste. — La cachette du grand-vicaire. — Conduite de Philippe-Égalité à l'égard de Mme la Duchesse d'Orléans et de M. le Duc de Penthièvre.—Sommations qu'il envoie à cette princesse par un huissier. — Mme la Duchesse de Bourbon. — Ses rêveries théologiques et ses erreurs politiques.— relations de Mme de Tourzel et de Mme de Béarn, opuscule inédit. — Détails sur la mort de la Princesse de Lamballe. — Courage héroïque de la Princesse de Tarente. — Introduction des journaux et correspondance de l'extérieur à l'intérieur de la prison. — Rapport de Manuel à la commune de Paris. — Délibération de ce conseil de la commune. — Souffrances et privations de la famille royale.

———

Nous nous trouvions, l'Abbé Texier et moi, en correspondance à peu près journalière avec un comité royaliste dont l'Abbé de Dampierre était le chef nominal, et celui-ci couchait presque toutes les nuits dans ma maison de la rue de Grenelle; il n'y entrait jamais en plein jour, et n'en sortait que par le jardin dont il escaladait la muraille au moyen d'une échelle de corde avec deux crampons, qu'on avait soin de rejeter après lui; il entrait de là dans un faux-fuyant de ruelles entre des murs verdâtres, où se trouvait une cabane de planches, absolument recouverte par un talus de pierrailles et de gravois amoncelés, de sorte qu'on n'y distinguait rien des maisons voisines, et comme ladite cachette était adossée contre cette grande muraille, qui court parallèlement à toutes les façades des maisons de la rue de Sèves qui s'ouvrent au nord, elle était parfaitement à l'abri de ce côté-là, tandis que du côté de l'hôtel de Créquy, vous voyez d'ici ce grand rideau de vieux arbres qui la surmontent et qui masquaient absolument, comme aujourd'hui, ladite ruelle ainsi que toutes les maisons de la Croix-Rouge. Si le pauvre suspect voulait s'arrêter dans cette cachette, il y trouvait du biscuit de navire, avec du vin, des fruits secs et des habits d'ouvrier. S'il ne soupçonnait aucun danger pour sortir de la ruelle, il ouvrait une petite porte qui donnait dans un étroit passage aboutissant à ma maison de la Croix-Rouge, et jamais il ne rentrait par la même porte ou le même côté par lequel il était sorti.

J'avais absolument exigé cette précaution, à laquelle on s'est toujours conformé très exactement et dont on s'est trouvé le mieux du monde. Si le régime de la terreur avait duré six semaines de plus, les Argus des comités de Sûreté-Générale et de Salut-Public en auraient certainement perdu la tête; il y avait longtemps que ces vilains esprits de ténèbres en avaient perdu le sommeil et le repos de leurs nuits; ils avaient beau fureter depuis la fontaine de Grenelle jusqu'à la Croix-Rouge, et depuis la Croix-Rouge jusqu'à l'Abbaye-aux-Bois, ils ne pouvaient parvenir à trouver l'Abbé de Dampierre, et comme ils venaient troubler indistinctement à toute heure du jour ou de la nuit tous les habitans de ce quartier, républicains ou non, pour y procéder à leurs fouilles, on avait fini par s'en révolter et les rudoyer si bel et si bien qu'ils n'osaient plus s'y remontrer. On continuait à leur en donner l'ordre au comité des Feuillans, mais ils ne disaient pas ce qu'ils en comptaient faire, et leurs visites domiciliaires ne se passaient plus autrement qu'en procès-verbal. J'étais bien aimée dans notre quartier, mon Enfant, et si j'ai fait pendant ma vie quelques bonnes œuvres, j'en ai recueilli pendant la révolution des fruits bien salutaires et bien attendrissans pour mon cœur. Il n'est rien de si doux que de se voir aimé par un grand nombre de gens qui n'en peuvent rien attendre, hormis la satisfaction de nous avoir témoigné leur attachement. Voyez plutôt les Normands de M. de Penthièvre, et si vous pensez à mes vassaux de Gastines, ayez la justice et la charité d'observer que je ne vivais pas auprès d'eux.

C'était Dupont, assisté de Mlle Favereau (1) qui avait fait exécuter toutes ces dispositions dont je vous parle, et c'était mon fils qui les avait conçues avec autant d'imagination que de jugement. C'était aussi (mais voilà que j'afflue dans les *c'était* et que je m'y noie, allons au fait sans nous embarrasser des mots), c'était donc précisément dans ma maison de la Croix-Rouge que l'Abbé de Dampierre avait établi sa chapelle, et c'était là que se trouvait l'officialité du diocèse de Paris dont il était Vicaire-

---

(1) Première femme de la Duchesse de Fleury et sœur de l'Abbé Favereau, missionnaire à la Chine. Elle est morte en 1826, supérieure du grand couvent des Carmelites à Paris.

(*Note de l'Éditeur.*)

Général. Immédiatement après la célébration de la messe ou du salut, on allait abriter les vases sacrés et la sainte Eucharistie dans notre cachette, où se trouvaient aussi tous les papiers de correspondance avec la France et l'étranger, mes diamans, vos reliquaires, un magot qui provenait de mes économies, un dépôt de quatre cent mille livres appartenant à Mme de Talmont et le trésor de notre parti qui ne tenait pas grand'place, attendu qu'on y puisait aisément et qu'on y prenait beaucoup plus souvent qu'on n'y remplaçait les pistoles et les assignats.

Il est bon de vous dire, à propos d'assignats, que notre Grand-Vicaire en avait reçu de Jerzey deux ballots énormes, et qu'il avait eu scrupule d'employer et même de garder ceux-ci, parce que M. Tourton l'avait prévenu qu'il étaient de fabrique étrangère. Il imagina de les brûler chez moi, dans sa chambre à coucher, rue de Grenelle, et comme il en résulta le feu dans sa cheminée (jugez le scandale de ce feu pendant la canicule!) il en fut démontré qu'il ne pouvait se mêler d'aucune affaire d'assignats sans nous faire arriver malheur. J'ai peut-être oublié de vous dire qu'après sa mission charitable à l'Hôtel-Dieu, Mlle Dupont avait été conduite à la prison de la Bourbe, où elle n'a fait autre chose que de pleurer jour et nuit en vous tricotant des chaussettes de soie. Vous étiez pendant ce temps-là chez Mlle Favereau, où vous pleuriez à peu près autant que votre bonne Dupont, parce que vous la demandiez inutilement toute la journée; votre père était prisonnier aux Madélonettes, ma belle-fille était dans sa villa du canton de Bâle, et

M. le Duc de Penthièvre était malade en Normandie, sous la sauvegarde et la caution de tous les habitans de Vernon, qui s'étaient confédérés avec ceux des Andelys et de la Ville-d'Eu pour s'opposer à son arrestation.

Le Duc d'Orléans l'avait dénoncé l'année précédente en l'accusant de vouloir émigrer, ce que n'était nullement vrai ; il avait fait signifier une opposition de la même nature à la malheureuse fille de M. de Penthièvre, et comme ce prince envoyait chez moi tous les papiers qu'il voulait préserver, je puis vous faire donner la copie de ce bel exploit d'huissier dont j'ai conservé l'original.

LIBERTÉ ET ÉGALITÉ.

» L'an 1792, le 14 septembre, à la requête du
« sieur Louis-Philippe-Joseph, ci-devant prince
« français, demeurant à Paris, au ci-devant Palais-
« Royal, paroisse Saint-Augustin, où il fait élection
« de domicile, j'ai, Louis-Jean Sennaire, huissier
« de la section de la butte des Moulins, demeurant
« rue Neuve-Saint-Roch, n. 70, et un des huissiers
« des quarante-huit sections de Paris, nommés par
« la loi du 13 novembre 1791, pour faire seuls les
« citations dans le département de Paris, sous
« peine de nullité, signifié et déclaré à Mme Louise-
« Marie-Adélaïde, épouse du sieur requérant, au
« domicile par elle élu chez le sieur Perrin, homme
« de loi, rue de Savoie, n. 24, qu'ayant appris
« que le sieur Louis-Jean-Marie Depenthièvre se

« disposait à s'absenter et s'éloigner du territoire
« national, le requérant s'oppose à ce que la dame
« Louise-Marie-Adélaïde, son épouse, sorte de
« France, l'invite et lui fait même, autant que de
« besoin, sommation de se rendre à son véritable
« domicile à Paris, au ci-devant Palais-Royal, dans
« les appartemens qu'elle y a précédemment occu-
« pés, offrant de la recevoir avec tous les égards
« qu'il a toujours eus pour elle : sinon, et à faute
« de satisfaire à la présente sommation, j'ai, par et
« pour ledit sieur requérant, Louis-Philippe-Jo-
« seph, fait toutes réserves et protestations de se
« pourvoir par toutes les voies de droit pour l'y
« contraindre, et j'ai laissé copie de la présente au
« domicile susdit, les jour et an comme dessus,
« dont le coût est de 24 sous. »

Signé, Sennaire.

Vous pouvez bien supposer que le principal motif du requérant, ci-devant prince français, c'était d'éviter l'application de la loi du séquestre sur les biens dont il attendait la jouissance après la mort de M. de Penthièvre; et vous voyez qu'il avait l'indignité de signaler son beau-père à la vindicte jacobine, en l'accusant de se disposer à quitter le *territoire national*. C'était pour la seconde fois qu'il manœuvrait contre M. le Duc de Penthièvre avec la même astuce et la même lâcheté, mais Mme la Duchesse d'Orléans n'obtempéra pas davantage à cette sommation qu'elle ne l'avait fait à la première, et je ne manquai pas de l'encourager à ne point quitter l'hôtel de Toulouse où elle s'était réfugiée auprès de son père, depuis la fin d'août 1790 (1). Enfin M. de Penthièvre et sa malheureuse fille avaient quitté Paris après l'emprisonnement de la famille royale. Le respect et l'affection de leurs anciens vassaux les avaient accueillis dans leur exil, et c'était une grande consolation pour moi.

Je ne vous dirai rien de Mme la Duchesse de Bourbon, sinon qu'elle était devenue Martiniste, non pas de la secte de ce M. S int-Martin, qui avait découvert que les purgatoriens sont couleur de marron, mais à la suite de Don Martinès de Pasqualis, qui disait que la Sainte Vierge était vivante, et qu'elle se tenait habituellement à San-Lucar de Barameda, qui est une petite ville auprès d'Alicante en Andalousie. La Duchesse de Bourbon, sœur de Philippe-Égalité, se faisait appeler la citoyenne Vérité, et lisait continuellement les pères de l'Église. Leur sagesse entretenait sa folie.

Parmi les documens les plus intéressans qui nous soient parvenus en prison, je ne manquerai pas de vous rapporter la naïve et curieuse relation de Mlle de Tourzel, ainsi qu'une lettre de sa mère, dont M. de Dampierre avait eu soin de nous envoyer une copie. Je n'aurai garde d'y toucher pour en

---

(1) *Voyez* Correspondance de Louis-Philippe-Joseph d'Orléans, page 195, où se trouve la copie d'une autre signification presque entièrement semblable et portant la même accusation contre M. de Penthièvre. Elle est datée du 19 avril 1791 : ainsi tout donne à penser que c'est la première sommation dont l'auteur a voulu parler. (*Note de l'Éditeur.*)

extraire la substance, et le ciel m'en préserve, car ce serait m'exposer à en altérer le charme imposant et l'admirable simplicité!

Copie de la lettre écrite par Mademoiselle Pauline de Tourzel (1), après sa sortie de la Force, lors des massacres des 2 et 3 septembre 1792, à Madame la Comtesse de Sainte-Aldegonde, sa sœur, alors en pays étranger.

Paris, le 7 septembre.

« Tout ce que j'ai pu vous dire hier, ma chère
« Joséphine, c'est que ma mère et moi étions hors
« de péril; mais je veux vous raconter aujourd'hui
« comment nous avons échappé aux plus affreux
« dangers; une mort certaine m'en paraissait le
« moindre, tant la crainte des horribles circons-
« tances dont elle pouvait être accompagnée ajoutait
« à mes frayeurs.

« Je reprendrai l'histoire d'un peu loin, c'est-à-
« dire du moment où la prison a mis fin à notre
« correspondance.

« Vous savez que le 10 août, ma Mère avec
« Monsieur le Dauphin accompagna le Roi à la
« convention; moi restée seule aux Tuileries, dans
« l'appartement du Roi, je m'attachai à ne pas
« quitter la Princesse de Tarente, parce que ma
« Mère m'avait recommandée à ses soins, et nous

(1) Aujourd'hui Comtesse de Brassac Béarn et Dame du Palais de Madame la Dauphine.

« nous promîmes, quels que fussent les événemens,
« de ne pas nous séparer (1).

« Bientôt après le départ du Roi, commença une
« canonnade dirigée contre le château ; nous en-
« tendîmes siffler les balles d'une manière effrayante ;
« les carreaux cassés et les fenêtres brisées faisaient
« un vacarme effroyable. Pour nous mettre un peu
« à l'abri et n'être point du côté d'où l'on tirait le
« canon, nous nous retirâmes dans l'appartement
« de la Reine au rez-de-chaussée sur le jardin. Là,
« il nous vint à l'idée de fermer les volets et d'allu-
« mer toutes les bougies des lustres et des cande-
« labres, espérant, si les brigands devaient forcer
« notre porte, que l'étonnement que leur cause-
« raient tant de lumières nous sauverait de leurs
« premiers coups et nous laisserait le temps de leur
« parler. A peine nos arrangemens étaient-ils finis,
« que nous entendîmes dans les chambres précé-
« dentes des cris affreux et un cliquetis d'armes qui
« ne nous annonça que trop que le château était
« forcé, et qu'il fallait nous armer de courage. Ce
« fut l'affaire d'un moment; les portes furent en-
« foncées, et des hommes le sabre à la main, les
« yeux hors de la tête, se précipitèrent dans le sa-
« lon ; ils s'arrêtèrent à l'instant comme stupéfaits :
« une douzaine de femmes dans cette chambre !

---

(1) Louise-Emmanuelle de Chastillon, fille de Louis, dernier Duc de Chastillon et d'Adrienne de la Baume-le-Blanc de la Vallière. Elle était première femme de M. le Duc de la Trémoille, alors Prince de Tarente, et elle est morte en émigration, à Pétersbourg, en 1799.

« (car nous étions réunies avec plusieurs Dames de
« la Reine, de Madame Élisabeth et de Mme de
« Lamballe). Ces lumières répétées dans les glaces
« faisaient un tel contraste avec la clarté du jour,
« que les brigands en furent confondus.

« Plusieurs des Dames qui étaient dans la cham-
« bre se trouvèrent mal. Mme de Ginestoux se jeta
« à genoux et avait tellement perdu la tête, qu'elle
« balbutiait des mots de pardon. Nous allâmes à
« elle, la fîmes taire, et pendant que je la rassu-
« rais, cette bonne Mme de Tarente priait un Mar-
« seillais de prendre sous sa protection cette Dame
« à cause de la faiblesse de sa tête. Cet homme y
« consentit et la tira aussitôt de la chambre ; puis
« tout à coup revenant à celle qui lui avait parlé
« pour une autre, et frappé d'une telle générosité
« dans cette circonstance, il dit à Mme de Tarente :
« Je sauverai cette Dame et vous aussi et votre pe-
« tite compagne aussi. En effet, il remit Mme de
« Ginestoux entre les mains d'un de ses camarades ;
« puis il prit Mme de Tarente et moi chacune sous
« un bras, et nous tira hors de l'appartement.

« En sortant du salon, il nous fallut passer sur
« le corps d'un valet de pied de la Reine, et d'un
« de ses valets de chambre, qui tous deux fidèles à
« leur poste, et n'ayant pas voulu abandonner l'ap-
« partement de leur maîtresse, en avaient été les
« victimes. Cette vue me serra le cœur : la P^sse de
« Tarente et moi nous nous regardâmes, pensant
« que peut-être bientôt nous aurions le même sort.
« Enfin, après beaucoup de peine, cet homme qui
« nous donnait le bras parvint à nous faire sortir du

« château par une petite porte auprès des souter-
« rains. Nous nous trouvâmes sur la terrasse, puis
« à la porte du pont Royal. Là, notre protecteur
« nous quitta, ayant, disait-il, rempli son engage-
« ment de nous conduire sûrement hors des Tui-
« leries.

« Je pris alors le bras de Mme de Tarente, qui,
« croyant se soustraire aux regards de la multitude,
« voulut, pour retourner chez elle, descendre sur
« le bord de la rivière. Nous marchions doucement
« et sans proférer une parole, lorsque nous enten-
« dîmes des cris affreux derrière nous. En nous re-
« tournant, nous aperçûmes une foule de brigands
« qui couraient sur nous le sabre à la main ; à l'ins-
« tant il en parut autant devant nous et sur le quai
« par dessus le parapet ; d'autres nous tenaient en
« joue, criant que nous étions des échappées des
« Tuileries.

« Pour la première fois de ma vie j'eus peur ;
« cette manière d'être massacré me paraissait af-
« freuse. Mme de Tarente parla à la multitude, et
« obtint que sous escorte nous serions conduites au
« district.

« Il fallut traverser toute la place Louis XV au
« milieu des morts ; car beaucoup des Suisses y
« avaient été massacrés. Nous étions suivies d'un
« peuple immense qui nous disait toutes les injures
« possibles.

« Nous fûmes menées rue des Capucines, et là
« nous nous fîmes connaitre : la personne à qui
« nous parlâmes était un honnête homme ; il jugea
« promptement combien était pénible la position

« dans laquelle nous nous trouvions ; il donna un
« reçu de nos personnes ; il dit très haut que nous
« allions être conduites en prison, et congédia
« ainsi ceux qui nous avaient amenées. Se trouvant
« seul avec nous, il nous assura de son intérêt, en
« nous promettant qu'à la chute du jour il nous fe-
« rait reconduire chez nous. En effet, sur les huit
« heures et demie du soir, il nous donna deux per-
« sonnes sûres pour nous conduire, et nous fit passer
« par une porte de derrière, pour éviter les espions
« qui entouraient sa maison. Nous arrivâmes chez la
« Duchesse de la Vallière, grand'mère de Mme de
« Tarente, et chez laquelle elle logeait. Je demandai
« à cette bonne Princesse de Tarente de ne la pas
« quitter pendant la nuit, et je me couchai sur un
« canapé dans sa chambre.

« A cinq heures du matin, pendant que nous
« causions ensemble de tout ce qui nous était ar-
« rivé, nous entendîmes frapper à la porte : c'était
« mon frère qui, ayant passé la nuit aux Feuillans,
« près du Roi, venait nous en donner des nouvel-
« les, et me dire que la Reine avait demandé à ma
« Mère que je vinsse la rejoindre ; que le Roi en
« avait demandé la permission à l'Assemblée, qui
« l'avait accordée ; que dans une heure il viendrait
« me chercher pour me conduire aux Feuillans.
« Cette nouvelle me fit un sensible plaisir ; j'étais
« heureuse de me retrouver avec ma Mère et d'u-
« nir mon sort au sien et à celui de la famille ro-
« yale.

« A huit heures du matin j'arrivai aux Feuillans ;
« je ne puis assez vous dire quelle fut la bonté **du**

« Roi et de la Reine quand ils me virent; ils me
« firent bien des questions sur les personnes dont
« je pouvais leur donner des nouvelles. Madame et
« Monsieur le Dauphin me reçurent avec une ami-
« tié touchante, m'embrassèrent et me dirent que
« nous ne nous séparerions plus.

« Une demi-heure avant le départ pour le Tem-
« ple, Madame Élisabeth m'appela, m'emmena
« avec elle dans un cabinet et me dit : ma chère
« Pauline, nous connaissons votre discrétion et
« votre attachement pour nous. J'ai une lettre de
« la plus grande importance dont je voudrais me
« débarrasser avant de partir d'ici; aidez-moi à la
« faire disparaître. Il n'y avait ni feu ni lumière;
« nous prîmes cette lettre de huit pages; nous en
« déchirâmes quelques morceaux que nous essayâ-
« mes de broyer entre nos doigts et sous nos pieds;
« mais comme cela devenait trop long, et qu'elle
« craignait que son absence ne donnât quelques
« soupçons, je pris une page entière de la lettre;
« je la mis dans ma bouche et je l'avalai. Cette
« bonne Madame Élisabeth voulait en faire autant,
« mais son cœur se soulevait; je m'en aperçus et
« lui demandai les deux autres pages que j'avalai
« encore, de manière qu'il n'en resta plus de vesti-
« ges. Nous rentrâmes, et l'heure du départ pour
« le Temple étant arrivée, la famille royale monta
« dans une voiture à dix places composée de la ma-
« nière suivante :

« Le Roi, la Reine et Monsieur le Dauphin dans
« le fond; Madame Élisabeth, Madame, et Manuel,
« procureur de la commune sur le devant; la Prin-

« cesse de Lamballe et ma mère sur une banquette
« de portière; et moi, avec un nommé Collonge,
« membre de la commune, sur la banquette vis-à-
« vis. La voiture allait au plus petit pas : on tra-
« versa la place Vendôme ; la voiture s'arrêta, et
« Manuel, faisant remarquer la statue de Louis
« XIV qui venait d'être renversée, dit au Roi
« Vous voyez comme le peuple traite les Rois. A
« quoi le Roi devint rouge d'indignation, mais se
« modérant à l'instant, S. M. répondit avec un
« calme angélique : — Il est heureux, M*, quand
« sa rage ne porte que sur des objets inanimés. Le
« plus profond silence suivit et régna tout le reste
« du chemin. On prit les boulevards ; et le jour
« commençait à tomber lorsqu'on arriva au Temple.

« La cour, la maison, le jardin étaient illumi-
« nés ; et cela avait un air de fête qui contrastait
« terriblement avec la position de la famille royale.
« Le Roi, la Reine et nous autres de leur suite,
« nous entrâmes dans un fort beau salon ; on y
« resta plus d'une heure sans pouvoir obtenir de
« réponse aux questions que l'on faisait pour savoir
« où étaient les appartemens. Monsieur le Dauphin
« tombait de sommeil et demandait à se coucher.
« On servit un grand souper auquel on toucha peu.
« Ma mère pressant vivement pour savoir où était
« la chambre destinée à Monsieur le Dauphin, on
« annonça enfin qu'on allait l'y conduire.

« On alluma des torches, on fit traverser la cour,
« puis un souterrain ; enfin on arriva à la tour, où
« nous entrâmes par une petite porte qui ressem-
« blait fort à un guichet de prison.

« La Reine et Madame furent établies dans la
« même chambre, qui était séparée de celle de
« Monsieur le Dauphin et de celle de ma Mère par
« une petite antichambre dans laquelle couchait la
« Princesse de Lamballe. Le Roi fut logé au second,
« et Madame Elisabeth, pour laquelle il n'y avait
« plus de chambre, fut établie près de celle du Roi,
« dans une cuisine d'une saleté épouvantable; cette
« bonne Princesse dit à ma mère qu'elle se char-
« geait de moi. Effectivement elle fit mettre un lit
« de sangle auprès du sien, et nous passâmes la
« nuit sans dormir, la chambre dans laquelle don-
« nait cette cuisine servant de corps-de garde.

« Le lendemain à huit heures nous descendîmes
« chez la Reine, qui était déjà levée et dont la
« chambre devait servir de salon ; depuis on y
« passa les journées entières et on ne remontait au
« second que pour se coucher. L'on n'était jamais
« seul dans cette chambre de la Reine : toujours
« un municipal était présent ; à toutes les heures il
« était changé.

« Tous nos effets avaient été pillés dans notre
« appartement des Tuileries. Je ne possédais abso-
« lument que la robe que j'avais sur le corps lors
« de ma sortie du château. Madame Elisabeth, à
« qui l'on venait d'envoyer quelques effets, me
« donna une de ses robes; elle ne pouvait aller à
« ma taille ; nous nous occupâmes de la découdre
« pour la refaire ; tous les jours, la Reine, Madame,
« Madame Élisabeth y travaillaient un peu ; c'était
« notre occupation. Mais nous ne pûmes la finir.

« La nuit du 19 au 20 d'août, il était environ

« minuit, lorsque nous entendîmes frapper à tra-
« vers la porte de notre chambre : on nous intima,
« de la part de la commune de Paris, l'ordre d'en-
« lever du Temple la P^{sse} de Lamballe, ma Mère
« et moi.

« Madame Élisabeth se leva sur-le-champ ; elle-
« même m'aida à m'habiller, m'embrassa et me
« conduisit chez la Reine. Nous trouvâmes tout le
« monde sur pied ; la séparation d'avec la famille
« royale fut une peine cruelle ; et quoique on nous
« assurât que nous reviendrions après avoir subi
« un interrogatoire, un sentiment secret nous disait
« que nous la quittions pour longtemps.

« Nous traversâmes les souterrains aux flam-
« beaux ; à la porte du Temple nous montâmes en
« fiacre et on nous conduisit à l'Hôtel-de-Ville. On
« nous établit dans une grande salle ; et de peur
« que nous pussions causer ensemble, un munici-
« pal était assis entre chacune de nous et nous sé-
« parait. Nous restâmes ainsi sur des banquettes
« pendant plus de deux heures ; enfin, vers les
« trois heures du matin, on vint appeler la Prin-
« cesse de Lamballe pour l'interroger ; ce fut l'af-
« faire d'un quart d'heure après lequel on appela
« ma Mère ; je voulus la suivre, on s'y opposa, di-
« sant que j'aurais mon tour ; ma Mère, en arrivant
« dans la salle d'interrogation qui était publique,
« demanda que je fusse ramenée auprès d'elle, mais
« on la refusa très rudement, lui disant que je ne
« courais aucun danger étant sous la sauvegarde du
« Peuple. On vint enfin me chercher et on me con-
« duisit à la salle d'interrogation. Là, monté sur

« une estrade, on était en présence d'une foule
« immense de peuple qui remplissait la salle; il y
« avait aussi des tribunes remplies d'hommes et de
« femmes. Billaud de Varennes debout faisait les
« questions, et un secrétaire écrivait les réponses
« sur un grand registre. On me demanda mon
« nom, mon âge, et on me questionna beaucoup
« sur la journée du 10 août, me disant de déclarer
« ce que j'avais vu et ce que j'avais entendu dire au
« Roi et à la famille royale. Ils ne surent que ce
« que je voulus bien; car je n'avais nullement peur;
« je me trouvais comme soutenue par une main in-
« visible qui ne m'a jamais abandonnée et m'a tou-
« jours fait conserver ma tête avec beaucoup de
« sang-froid.

« Je demandai très haut d'être réunie à ma Mère
« et de ne la pas quitter. Plusieurs voix s'élevèrent
« pour dire oui, oui, d'autres murmurèrent, mais
« on me fit descendre les marches du gradin sur
« lequel on était élevé, et après avoir traversé plu-
« sieurs corridors, je me vis ramener à ma Mère,
« que je trouvai bien inquiète de moi; elle était
« avec la P^{se} de Lamballe, et nous fûmes toutes les
« trois réunies.

« Nous restâmes dans le cabinet de Tallien jus-
« qu'à midi. On vint alors nous chercher pour nous
« conduire à la prison de la Force. On nous fit
« monter dans un fiacre; il était entouré de gen-
« darmes, suivi d'un peuple immense : il y avait
« un officier de gendarmerie avec nous dans la voi-
« ture. — C'est par le guichet donnant sur la rue
« des Ballays, près la rue Saint-Antoine, que nous

« entrâmes dans cette horrible prison. On nous fit
« d'abord passer dans l'appartement du concierge,
« afin d'inscrire nos noms sur le registre, et je n'ou-
« blierai jamais qu'un individu fort bien mis et qui
« se trouvait là, s'approchant de moi, qui étais
« restée seule dans la chambre, me dit : Mademoi-
« selle, votre position m'intéresse ; je vous donne
« le conseil de quitter ici les airs de cour que vous
« avez, et d'être plus familière et plus affable.

« Indignée de l'impertinence de ce monsieur, je
« le regardai fixement et lui répondis que telle j'avais
« été, telle je serais toujours ; que rien ne pourrait
« influer sur mes sentimens ni mon caractère, et
« que l'impression qu'il remarquait sur mon visage
« n'était autre chose que l'image de ce qui se pas-
« sait dans mon cœur indigné des horreurs que
« nous voyions ! Il se tut et se retira l'air fort mé-
« content.

« Ma Mère entra alors dans la chambre, mais,
« hélas ! ce ne fut pas pour longtemps ; nous fûmes
« toutes les trois séparées. On conduisit maman
« dans un cachot, et moi dans un autre. Je suppliai
« d'être réunie à elle ; mais on fut inexorable.

« Le guichetier vint m'apporter une cruche d'eau.
« C'était un très bon homme. Me voyant au déses-
« poir d'être séparée de ma Mère et ne sollicitant
« au monde que d'être réunie à elle, cela le toucha,
« et ce pauvre homme cherchant à adoucir ma peine,
« me laissa son chien, afin, me disait-il, de me
« donner une distraction. Surtout ne me trahissez
« pas, me dit-il, j'aurai l'air de l'avoir oublié par
« mégarde.

« A 6 heures du soir, il revint me voir et me
« trouvant toujours dans le même état de chagrin,
« il me dit : je vais vous confier un secret. Votre
« Mère est dans le cabinet au-dessous du vôtre ; ainsi
« vous n'êtes pas loin d'elle. D'ailleurs, ajouta-t-il,
« vous allez avoir dans une heure la visite de Ma-
« nuel, le procureur de la commune, qui viendra
« s'assurer si tout est dans l'ordre ; n'ayez pas l'air,
« je vous en prie, de savoir tout ce que je vous dis.

« En effet, quelque temps après, j'entendis tirer
« les verrous de la chambre voisine, puis ceux de
« la mienne ; je vis entrer trois hommes dont un
« que je reconnus très bien pour être Manuel, le
« même qui avait conduit le Roi au Temple. Il
« trouva la chambre où j'étais très humide, et parla
« de m'en faire changer. Je saisis cette occasion de
« lui dire que tout m'était égal ; que la seule grâce
« que je sollicitais de lui particulièrement était de
« me réunir à ma Mère : je le lui demandai avec
« une grande vivacité ; et je vis que ma demande
« le touchait ; puis il dit : Demain je dois revenir
« ici, et nous verrons ; je ne vous oublierai pas.
« Le pauvre guichetier en fermant la porte me dit
« à voix basse : Il est touché ; je lui ai vu des
« larmes dans les yeux, ayez courage ; à demain.

« Ce bon François, car c'était le nom de ce gui-
« chetier, me donna de l'espoir et me fit un bien
« que je ne puis exprimer : je me mis à genoux, fis
« mes prières, et avec un calme et une tranquillité
« extrême je me jetai toute habillée sur l'horrible
« grabat qui servait de lit ; je dormis jusqu'au
« jour.

« Le lendemain à sept heures du matin, ma porte
« s'ouvrit et je vis entrer Manuel qui me dit : J'ai
« obtenu de la commune la permission de vous
« réunir à votre Mère; suivez-moi.

« Nous descendimes dans la chambre de ma
« Mère, je me jetai dans ses bras, croyant tous ses
« malheurs finis puisque je me trouvais auprès
« d'elle. Elle remercia beaucoup Manuel, et lui
« demanda d'être réunie à la Princesse de Lam-
« balle, puisque nous avions été transférées avec
« elle; il réfléchit un moment, puis il dit : Je le
« veux bien, je prends cela sur moi, et je vais vous
« conduire dans sa chambre. Effectivement, à huit
« heures du matin nous étions réunies toutes les
« trois, seules, et nous éprouvâmes un moment de
« bonheur de pouvoir partager ensemble nos in-
« fortunes.

« Le lendemain matin nous reçûmes un paquet
« venant du Temple. C'étaient nos effets que nous
« renvoyait la Reine. Elle-même, avec cette bonté
« qui ne se dément point, avait pris soin de les
« réunir. Parmi eux se trouvait cette robe de Ma-
« dame Élisabeth dont je vous ai parlé plus haut.
« Elle devient pour moi un gage d'un éternel sou-
« venir, d'un éternel attachement, et je la conser-
« verai toute ma vie.

« L'incommodité de notre logement, l'horreur
« de la prison, le chagrin d'être séparées du Roi
« et de sa famille, la sévérité avec laquelle cette sé-
« paration semblait nous promettre d'être traitées,
« tout cela m'attristait fort, je l'avoue, et effrayait
« extrêmement cette malheureuse Princesse de

« Lamballe. Quant à ma Mère, elle montrait cet
« admirable courage que vous lui avez vu dans de
« tristes circonstances de sa vie (1), ce courage qui,
« n'ôtant rien à sa sensibilité, laisse cependant à
« son âme toute la tranquillité nécessaire pour que
« son esprit puisse lui être d'usage. Elle travaillait,
« elle lisait, elle causait d'une manière aussi calme,
« que si elle n'eût rien craint ; elle paraissait affli-
« gée, mais ne semblait pas même inquiète.

« Nous étions depuis près de quinze jours dans
« ce triste séjour, lorsqu'une nuit, vers une heure
« du matin, étant toutes trois couchées et endormies
« comme on dort dans une telle prison, de ce som-
« meil qui laisse encore de la place à l'inquiétude,
« nous entendîmes tirer les verroux de notre porte ;
« elle s'ouvrit, un homme parut et me dit : Mlle de
« Tourzel, levez-vous promptement et suivez-moi.
« Je tremblais et ne répondais ni ne remuais. —
« Que voulez-vous faire de ma fille, dit ma Mère
« à cet homme ? — Que vous importe ? répondit-il,
« d'une manière qui me parut bien dure ; il faut
« qu'elle se lève et qu'elle me suive. — Levez-vous,
« Pauline, me dit ma mère et suivez-le, il n'y a rien
« à faire ici que d'obéir. Je me levai lentement, et
« cet homme restait toujours dans la chambre ; dé-
« pêchez-vous, dit-il deux ou trois fois ; dépêchez-
« vous, Pauline, me dit aussi ma Mère.

« J'étais habillée, mais je n'avais pas changé de
« place ; j'allai à son lit et je pris sa main ; mais

---

(1) Le Marquis de Tourzel, Grand Prévôt de l'hôtel du Roi,
avait été tué par accident à la chasse.

« l'homme ayant vu que j'étais levée, s'approcha,
« me prit par le bras et m'entraîna malgré moi.
« Adieu, Pauline, que le bon Dieu vous bénisse
« et vous protége ! cria ma Mère. Je ne pouvais lui
« répondre ; deux grosses portes étaient déjà entre
« elle et moi, et cet homme m'entraînait toujours.

« Comme nous descendions l'escalier, il enten-
« dit du bruit ; avec l'air fort inquiet, il me fit en-
« trer précipitamment dans un petit cachot, ferma
« la porte, prit la clé et disparut.

« Ce cachot était éclairé par un bout de chan-
« delle ; en moins d'un quart d'heure, cette chan-
« delle finit, et je ne puis vous exprimer ce que je
« ressentis et les réflexions sinistres que m'inspi-
« rait cette lueur tantôt forte, tantôt mourante :
« elle me représentait mon agonie, et me disposait
« à faire le sacrifice de ma vie, mieux que n'au-
« raient pu faire les discours les plus touchans.

« Je restai alors dans une profonde obscurité,
« puis j'entendis ouvrir doucement la porte ; on
« m'appela, et à la lueur d'une petite lanterne je
« reconnus l'homme qui m'avait enfermée une
« heure auparavant, pour être celui qui était dans
« la chambre du concierge lors de notre arrivée à
« la Force, et qui avait voulu me donner des con-
« seils. Il me fit marcher doucement ; au bas de
« l'escalier, il me fit entrer dans une chambre, me
« montra un paquet et me dit de m'habiller avec
« ce que je trouverais là dedans ; il referma la porte
« et je restai immobile, sans agir ni presque pen-
« ser ; je ne sais combien de temps je restai dans
« cet état ; j'en fus tirée par le bruit de la porte

« qui se rouvrit et le même homme parut : Quoi !
« vous n'êtes pas encore habillée ! me dit-il d'un
« air inquiet ; il y va de votre vie, si vous ne sortez
« promptement d'ici. Je regardai alors les habits
« qui étaient dans le paquet, c'étaient des habits
« de paysanne ; ils me parurent assez larges pour
« aller par-dessus les miens ; je les eus passés dans
« un instant. Cet homme me prit par le bras et me
« fit sortir de la chambre ; je me laissais entrainer
« sans faire aucune question, presque même au-
« cune réflexion, et je voyais à peine ce qui se
« passait autour de moi.

« Lorsque nous fûmes hors des portes de la pri-
« son, j'aperçus, à la clarté du plus beau clair de
« lune, une prodigieuse multitude de peuple, et
« j'en fus entourée dans le moment. Tous ces hom-
« mes avaient l'air féroce : ils étaient armés de sa-
« bres et semblaient attendre quelque victime pour
« la sacrifier. Voici une prisonnière qu'on sauve,
« crièrent-ils tous à la fois en me menaçant de leurs
« sabres. L'homme qui me conduisait faisait l'im-
« possible pour les écarter de moi et pour se faire
« entendre ; je vis alors qu'il portait la marque qui
« distingue les représentans de la commune de Paris ;
« cette marque étant un droit pour se faire écouter,
« on le laissa parler.

« Il dit que je n'étais pas prisonnière, qu'une
« circonstance m'ayant fait me trouver à la
« prison de la Force, il m'en venait tirer par
« ordre supérieur, les innocens ne devant pas périr
« comme les coupables. Cette phrase me fit frémir
« pour ma mère qui était restée enfermée ; les

« discours de mon libérateur, car je commençais
« à voir que c'était le rôle qu'avait entrepris
« cet homme dont les manières m'avaient sem-
« blé si dures; ses discours, dis-je, faisaient
« effet sur la multitude, et l'on allait enfin me
« laisser passer, lorsqu'un soldat, en uniforme de
« garde national, s'avança et dit au peuple qu'on
« le trompait, que j'étais Mlle de Tourzel, qu'il
« me connaissait fort bien pour m'avoir vu mille
« fois aux Tuileries chez le Dauphin, lorsqu'il y
« était de garde, et que mon sort ne devait pas être
« différent de celui des autres prisonniers. Alors
« la fureur redoubla tellement contre moi et contre
« mon protecteur que je crus bien certainement
« que le seul service qu'il m'aurait rendu serait de
« me conduire à la mort, au lieu de me la laisser
« attendre. Enfin, ou son adresse, ou son élo-
« quence, ou mon bonheur me tira encore de là,
« et nous nous trouvâmes libres de poursuivre
« notre chemin. Il pouvait cependant s'y rencon-
« trer encore mille obstacles; nous avions à passer
« des rues dans lesquelles nous devions trouver
« beaucoup de peuple; je pouvais encore être re-
« connue et pouvais encore être arrêtée; cette crainte
« détermina mon guide à me laisser dans une pe-
« tite cour fort sombre, et par laquelle il ne pou-
« vait venir personne, pour aller voir ce qui se
« passait aux environs, et s'il pouvait sans danger
« me mener avec lui. Il revint au bout d'une demi-
« heure, me dit qu'il croyait plus prudent de
« changer de costume, et il m'apportait un habit,
« un pantalon et une redingotte, dont il voulait

« que je me vêtisse. Je n'étais guère tentée de ce
« déguisement qu'il pensait nécessaire; il me ré-
« pugnait de périr sous des habits qui ne devaient
« pas être les miens; je m'aperçus qu'il ne m'avait
« apporté ni chapeau, ni souliers; j'avais sur la
« tête un bonnet de nuit et aux pieds des souliers
« de couleur; le déguisement devenait impossible,
« et je restai comme j'étais.

« Pour sortir d'où nous étions, il fallait repas-
« ser presqu'aux portes de la prison où étaient les
« assassins, ou traverser une église (le petit Saint-
« Antoine) dans laquelle se tenait une assemblée
« qui devait légaliser leurs crimes; l'un ou l'autre
« de ces passages étaient également dangereux pour
« moi.

« Nous choisîmes celui de l'église, et je fus obli-
« gée de la traverser me traînant presque à terre
« par les bas-côtés, afin de n'être pas aperçue de
« ceux qui formaient l'assemblée. Il me fit entrer
« dans une petite chapelle de côté, et me plaçant
« derrière les débris d'un autel renversé, il me re-
« commanda bien de ne pas remuer, quelque bruit
« que j'entendisse, et d'attendre son retour qui
« serait le plus prochain qu'il pourrait. Je m'assis
« sur mes talons, entendant beaucoup de bruit, des
« cris mêmes; mais je ne bougeai pas, bien réso-
« lue à attendre là mon sort, et remettant ma vie
« entre les mains de la Providence en laquelle je
« m'abandonnai avec confiance, résignée à rece-
« voir la mort si tels étaient ses décrets.

« Je fus très longtemps dans cette chapelle; enfin
« je vis arriver mon guide, et nous sortîmes de

« l'église avec les mêmes précautions que nous
« avions prises pour y entrer. Très peu loin de là,
« mon libérateur s'arrêta à une maison qu'il me
« dit être la sienne; il me fit entrer dans une
« chambre, et m'y ayant renfermée, il me quitta
« sur-le-champ. J'eus un moment de joie en me
« trouvant seule, mais je n'en jouis pas longtemps ;
« le souvenir des périls que j'avais courus ne me
« montrait que trop ceux auxquels ma Mère était
« livrée, et je restai tout entière à mes tristes
« craintes; je m'y abandonnais depuis plus d'une
« heure, lorsque M. Hardy (car il est temps que je
« vous nomme celui auquel nous devons la vie) re-
« vint et me parut avoir un air plus effrayé que je
« ne l'avais vu de toute la matinée. Vous êtes
« connue, me dit-il, on sait que je vous ai sauvée,
« on veut vous ravoir, on croit que vous êtes ici,
« on peut vous y venir prendre ; il en faut sortir
« tout de suite, mais non pas avec moi, ce serait
« vous remettre dans un danger certain, prenez
« ceci, me dit-il en me montrant un chapeau avec
« un voile et un mantelet noir. Écoutez bien tout
« ce que je vais vous dire, et surtout n'oubliez pas
« la moindre chose.

« En sortant de cette porte, vous tournerez à
« droite; puis vous prendrez la première rue à gau-
« che; elle vous conduira sur une petite place dans
« laquelle donnent trois rues ; vous prendrez celle
« du milieu, puis auprès d'une fontaine, vous
« trouverez un passage qui vous conduira dans une
« autre grande rue ; vous y verrez un fiacre arrêté
« près d'une allée sombre ; cachez-vous dans cette

« allée, et vous n'y serez pas longtemps sans me
« voir paraître ; partez vite, et surtout, dit-il, après
« me l'avoir encore répété, tâchez de n'oublier rien
« de tout ce que je viens de vous dire ; car je ne
« saurais commment vous retrouver ; et alors que
« pourriez-vous devenir ?

« Je vis la crainte qu'il avait que je ne me sou-
« vinsse pas bien de tous les renseignemens qu'il
« m'avait donnés ; cette crainte, en augmentant
« celle que j'avais moi-même, me troubla telle-
« ment qu'en sortant de la maison, je savais à
« peine si je devais tourner à droite ou à gauche.
« Comme il vit de la fenêtre que j'hésitais, il me fit
« un signe, et je me souvins alors de tout ce qu'il
« m'avait dit.

« Mes deux habillemens l'un sur l'autre me
« donnaient une figure étrange, mon air inquiet
« pouvait me faire paraître suspecte ; il me sem-
« blait que tout le monde me regardait avec éton-
« nement. J'eus bien de la peine à arriver jusqu'où
« je devais trouver le fiacre, mais enfin je l'aperçus,
« et je ne puis vous dire la joie que j'en ressentis.
« Je me crus pour lors absolument sauvée. Je me
« retirai dans l'allée sombre en attendant que
« M. Hardy parût. Un quart d'heure s'était passé
« et il ne venait point. Alors mes craintes redou-
« blèrent ; si je restais plus longtemps dans cette
« allée, je craignais de paraître suspecte aux gens
« du voisinage ; mais comment en sortir ? je ne
« connaissais pas le quartier dans lequel je me
« trouvais ; si je faisais la moindre question, je
« pouvais me mettre dans un grand danger ; enfin

« comme je méditais tristement sur le parti que
« je devais prendre, je vis venir M. Hardy; il était
« avec un autre homme. Ils me firent monter dans
« le fiacre et y montèrent avec moi. L'inconnu se
« plaça sur le devant de la voiture et me demanda
« si je le reconnaissais. Parfaitement, lui dis-je,
« vous êtes M. Billaud de Varennes qui m'avez
« interrogée à l'Hôtel-de-Ville. Il est vrai, dit-il,
« je vais vous conduire chez Danton, afin de pren-
« dre ses ordres à votre sujet. Arrivés à la porte
« de Danton, ces messieurs descendirent, montèrent
« chez lui et revinrent peu après me disant : Vous
« voilà sauvée; il ne nous reste plus maintenant
« qu'à vous conduire dans un endroit où vous ne
« puissiez pas être connue, autrement il pourrait
« encore ne pas être sûr.

« Je demandai à être menée chez Mme la Mar-
« quise de Lède, une de mes parentes. Elle était
« très âgée, et par conséquent je pensais ne pou-
« voir la compromettre. Billaud de Varennes s'y
« opposa à cause du nombre de ses domestiques
« dont plusieurs peut-être ne seraient pas discrets
« sur mon arrivée dans la maison, et me demanda
« d'indiquer une maison obscure. Je me souvins
« alors de la bonne Babet, notre fille de garde-robe;
« je pensai que je ne pouvais être mieux que dans
« une maison pauvre et dans un quartier retiré.
« Billaud de Varennes, car c'était toujours lui qui
« entrait dans ce détail, me demanda le nom de la
« rue pour l'indiquer au cocher. Je nommai la rue
« du Sépulcre.

« Ce nom dans un moment comme celui où nous

« étions lui fit une grande impression, et je vis sur
« son visage un sentiment d'horreur de ce rappro-
« chement avec tous les événemens qui se passaient.
« Il dit un mot tout bas à M. Hardy, lui recom-
« manda de me conduire où je demandais à aller
« et disparut.

« Pendant le chemin, je ne parlai que de ma
« Mère; je demandai si elle était encore en prison,
« je voulais aller la rejoindre si elle y était encore;
« je voulais aller moi-même plaider son innocence.
« Il me paraissait affreux que ma Mère fût exposée
« à la mort à laquelle on venait de m'arracher :
« moi sauvée, ma Mère périr! cette pensée me met-
« tait hors de moi.

« M. Hardy chercha à me calmer, me dit que
« j'avais pu voir que depuis le moment où il m'a-
« vait séparée d'elle, il n'avait été occupé que du
« soin de me sauver ; qu'il y avait malheureusement
« employé beaucoup de temps, mais qu'il se flattait
« qu'il lui en resterait encore assez pour servir ma
« Mère; que ma présence ne pouvait que nuire à
« ses desseins; qu'il allait sur-le-champ retourner
« à la prison et qu'il ne regarderait sa mission
« comme finie que lorsqu'il nous aurait réunies;
« qu'il me demandait du calme, qu'il avait tout
« espoir.

« Il me laissa remplie de reconnaissance pour le
« danger où il s'était mis à cause de moi, et avec
« l'espérance qu'il sauverait ma Mère de tous ceux
« que je craignais pour elle.

« Adieu, ma chère Joséphine; je suis si fatiguée
« que je ne puis plus écrire, d'ailleurs ma Mère me

« dit qu'elle veut vous raconter elle-même ce qui la
« regarde, et elle vous l'écrira demain. »

*Copie de la lettre de Madame la Marquise de Tourzel,
Gouvernante des Enfans de France, (1) à Mme la
C^{sse} de Sainte-Aldegonde, sa fille aînée.*

Paris, le 8 septembre.

« Pauline vous a raconté les cruelles épreuves par
« lesquelles elle a passé; mais elle a négligé de vous
« dire la manière dont elle les a soutenues; elle m'a
« bien prouvé que la patience et le courage ne sont in-
« compatibles ni avec l'extrême jeunesse ni avec
« l'extrême douceur; elle n'a pas montré, m'a dit
« M. Hardy, un moment de faiblesse dans ces dan-
« gers, et je ne lui ai pas vu un instant d'humeur pen-
« dant notre emprisonnement : elle m'en a bien
« adouci les peines, mais en même temps bien
« augmenté les inquiétudes; l'idée que je lui faisais
« partager des périls desquels son âge devait natu-
« rellement la mettre à l'abri, me tourmentait sans
« cesse, et m'empêchait de jouir de la consolation de
« l'avoir auprès de moi. Elle vous a dit comme elle
« me fut enlevée une nuit par un inconnu qui entra

---

(1) Louise Élizabeth de Croüy d'Havré, Princesse de l'Em-
pire, veuve de Louis du Bouschet de Sourches de Montsoreau,
Marquis de Tourzel, de Sourches et du Bellay, Grand-Prévôt
de France, etc., créée Duchesse de Tourzel, par le Roi
Louis XVIII, et morte à Paris en 1832, âgée de 83 ans.
(*Note de l'Éditeur.*)

« dans la chambre où nous étions enfermées : cette sé-
« paration me mit au désespoir et hors de moi.
« Puis, mettant ma confiance dans la bonté du ciel
« qui protège l'innocence, un secret pressentiment
« qu'il veillerait sur elle et ne l'éloignait de moi
« que pour me la conserver, me consola de perdre
« la douceur de ses soins, et je ne souffris beaucoup
« que dans cet instant où après qu'elle fut sortie de
« la chambre j'entendis refermer les verroux de
« notre porte et me vis privée de la pouvoir suivre
« à l'oreille ou des yeux, et de l'espérance de dé-
« couvrir, par ce que je verrais ou entendrais, si
« si on l'emmenait hors de la prison.

« Vous jugez bien que je ne dormis du reste
« de la nuit; mes inquiétudes étouffaient bien
« souvent ma confiance, et j'attendais avec bien de
« l'impatience qu'on entrât dans notre chambre
« pour nous apporter à déjeûner. Lorsqu'on y vint,
« nous apprîmes que la plus horrible fermentation
« existait dans Paris depuis la veille au soir; que
« les prisons étaient menacées et que plusieurs
« étaient déjà forcées. C'est alors que je ne doutai
« plus que ce ne fût pour sauver Pauline qu'on me
« l'eût enlevée; et il ne me restait que le regret de
« ne pas savoir dans quel lieu elle avait été menée.
« Je voyais clairement le sort qui était réservé à
« Mme de Lamballe et à moi, et je ne vous dirai pas
« que je le voyais sans frayeur, mais au moins je
« supportais cette idée avec résignation ; il me sem-
« bla que s'il y avait des moyens de me sauver des
« dangers que je prévoyais, je ne les trouverais que
« par une grande présence d'esprit et je ne pensais

« plus à rien qu'à tâcher de la conserver; ce n'était
« pas une chose facile, car l'extrême agitation de ma
« malheureuse compagne, ses questions continuelles,
« ses conjectures effrayantes me troublaient beau-
« coup : je tâchai de la rassurer, de la calmer, mais
« voyant que je n'y pouvais réussir, je la priai de
« vouloir bien ne me plus parler, et je pris un livre;
« il ne me plut pas, j'en pris un autre qui ne me
« plut pas davantage, et j'en essayai plusieurs, mais
« je ne pouvais être fixée par aucun. Je me souvins
« alors que j'avais remarqué mille fois qu'aucune
« occupation. . . . . idées
« que le travail de la tapisserie, et je pris mon
« ouvrage. J'y travaillai environ deux heures; au
« bout de ce temps-là je me trouvai assez calme
« pour penser que dans quelque situation que je me
« pusse trouver, j'aurais la tranquillité nécessaire
« pour ne rien dire ou rien faire qui fût capable de
« me nuire.

« Vers l'heure du dîner on vint prendre ma com-
« pagne et moi et l'on nous fit descendre dans une
« petite cour, dans laquelle je trouvai plusieurs au-
« tres prisonniers et un assez grand nombre de gens
« mal mis qui avaient tous l'air féroce, et l'air d'être
« ivres pour la plupart. Il n'y avait pas long-temps
« que j'étais dans cette cour, lorsqu'il y entra un
« homme de beaucoup moins mauvaise mine que
« ceux qui étaient là ; sa figure était sombre, mais
« non pas cruelle; il en fit deux ou trois fois le tour,
« au dernier il passa fort près de moi, et sans tour-
« ner la tête de mon côté, il me dit : *votre fille est*
« *sauvée.* Il continua son chemin et sortit de la cour.

« Heureusement l'étonnement, la joie suspendirent
« un moment toutes mes facultés, sans quoi je
« n'aurais pu m'empêcher de parler à cet homme,
« et peut-être de tomber à ses pieds; mais lorsque
« je pus voir quelque chose, je ne le vis plus : ainsi
« je n'eus pas de peine à contenir l'expression de
« de ma reconnaissance. La certitude que Pauline
« était en sûreté me remplit d'un nouveau courage
« et me sentant sauvée dans une aussi chère partie
« de moi-même, il me sembla que je n'avais plus
« rien à craindre pour l'autre.

« Je commençai à faire quelques questions aux
« gens qui étaient auprès de moi; ils y répondirent
« et m'en firent aussi à leur tour; ils me deman-
« dèrent d'abord mon nom, que je leur appris;
« alors ils me dirent qu'ils avaient entendu parler
« de moi, et que je n'avais pas une très mauvaise
« réputation; mais que j'avais accompagné le Roi
« lorsqu'il avait voulu fuir du royaume; que cette
« action était inexcusable, et qu'ils ne concevaient
« pas comment j'avais pu la faire. Je leur répondis
« que je n'en avais cependant pas le moindre re-
« mords, parce que je n'avais fait que mon devoir.
« Je leur demandai s'ils ne croyaient pas qu'on
« devait être fidèle à son serment; ils me répon-
« dirent tous qu'il fallait plutôt mourir que d'y
« manquer. Eh bien ! leur dis-je, j'ai pensé comme
« vous, et voilà pourtant ce que vous blâmez. J'é-
« tais gouvernante de Monsieur le Dauphin, j'avais
« juré sur le Saint Évangile entre les mains du Roi,
« de ne pas le quitter, et je l'ai suivi dans ce voyage,
« comme je l'aurais suivi partout ailleurs, quoi qu'i

« m'en dût arriver ; elle ne pouvait pourtant pas
« faire autrement, se mirent-ils à dire, mais c'est
« bien malheureux, ajoutèrent quelques-uns, d'être
« attaché à des gens qui font de mauvaises actions !
« Je parlai long-temps avec ces hommes ; ils me pa-
« raissaient frappés de tout ce qui était juste et rai-
« sonnable, et je ne pouvais m'empêcher de m'é-
« tonner que des gens qui ne semblaient pas avoir un
« mauvais naturel, vinssent froidement commettre
« des crimes que l'intérêt et la vengeance auraient
« peine à se permettre. Pendant notre conversation,
« un de ces hommes aperçut un anneau que je por-
« tais à mon doigt, et demanda ce qui était écrit
« autour ; je le tirai et le lui présentai ; mais un de
« ses compagnons, qui commençait apparemment
« à s'intéresser à moi, et qui craignait qu'on ne
« découvrit sur cet anneau quelque signe de roya-
« lisme, s'en saisit et me le rendit en me disant de
« lire moi-même ce qui était écrit et que l'on m'en
« croirait ; alors je lus : *Domine, salvum fac Regem*
« *et Reginam et Delphinum* ; cela veut dire en fran-
« çais, ajoutai-je : Dieu sauve le Roi, la Reine et
« le Dauphin ! Un mouvement d'indignation saisit
« tous ceux qui m'entouraient, et je manquai per-
« dre la bienveillance qu'ils commençaient à me
« montrer. Jetez cet anneau à terre, crièrent-ils,
« et foulez-le sous vos pieds. C'est impossible, leur
« dis-je, tout ce que je puis faire, c'est de l'ôter de
« mon doigt, si vous êtes fâchés de le voir, et de le
« mettre dans ma poche ; je suis attachée à Mon-
« sieur le Dauphin, parce que depuis plusieurs an-
« nées je prends soin de lui et je l'aime comme mon

« enfant; je porte dans mon cœur le vœu qui est
« exprimé sur cet anneau; je ne puis le démentir
« en faisant ce que vous me proposez; vous me mé-
« priseriez, j'en suis sûre, si j'y consentais, et je
« veux mériter votre estime; ainsi je m'y refuse.
« Faites comme vous voudrez, dirent quelques-uns,
« et je mis l'anneau dans ma poche.

« Quelques gens d'aussi mauvaise mine que
« ceux qui m'entouraient arrivent alors de l'autre
« bout de la cour, pour me demander de venir au
« secours d'une femme qui se trouvait mal; j'allai
« et je vis une jeune et jolie personne absolument
« évanouie; ceux qui la secouraient avaient essayé
« en vain de la faire revenir; elle paraissait étouf-
« fer: pour la mettre plus à l'aise, ils avaient dé-
« taché sa robe, et lorsque j'arrivai, l'un d'eux se
« disposait à couper son lacet avec le bout de son
« sabre; je frémis pour elle d'un tel secours, et de-
« mandai qu'on me laissât le soin de la délacer.
« Pendant que j'y travaillais, un des spectateurs
« aperçut à son cou un médaillon dans lequel était
« un portrait qu'il ne pensa pas pouvoir être autre
« que celui du Roi ou de la Reine; et s'approchant
« de moi, il me dit bien bas: Cachez ceci dans vo-
« tre poche; si on le trouvait sur elle, cela pourrait
« lui nuire. Je ne pus m'empêcher de rire de la
« sensibilité de cet homme, qui l'engageait à me
« demander si vivement de prendre sur moi une
« chose qu'il jugeait si dangereuse à porter, et je
« m'étonnais chaque moment davantage de ce mé-
« lange de pitié et de férocité que montraient ceux
« qui m'entouraient. Cette femme, qui étaient celle

« d'un premier valet de chambre du Roi (Mme Tour-
« taud de Septeuil), étant revenue à elle, fut em-
« menée de la cour ; il n'y restait plus que moi,
« qu'on vint prendre peu de temps après.

« Je savais que les prisonniers étaient menés
« tour-à-tour au peuple qui était attroupé aux
« portes de la prison, et qu'après avoir subi une
« espèce de jugement, on était absous ou massacré.
« Malgré cela, j'avais le pressentiment qu'il ne
« m'arriverait rien, et ma confiance fut bien aug-
« mentée, lorsque j'aperçus à la tête des gens qui
« me venaient chercher, le même homme qui m'a-
« vait donné des nouvelles de Pauline ; je pensai
« que celui qui était déjà mon libérateur, puisqu'il
« m'avait rassuré sur le sort de mon enfant, ne
« pouvait devenir mon bourreau, et qu'il n'était là
« que pour me protéger. Cette idée ayant encore
« augmenté mon courage, je me présentai tranquil-
« lement devant le tribunal. Je fus interrogée pen-
« dant environ dix minutes, au bout desquelles
« des hommes à figures atroces s'emparèrent de ma
« personne ; ils me firent passer le guichet de la
« prison ; et je ne puis vous exprimer le trouble que
« j'éprouvai de l'horrible spectacle qui s'offrit à
« moi.

« Une espèce de montagne s'élevait contre la
« muraille ; elle était formée par les membres épars
« et les vêtemens sanglans de tous ceux qui avaient
« été massacrés à cette place, et une multitude d'as-
« sassins entouraient ce monceau de cadavres : **deux**
« hommes étaient montés dessus ; ils étaient armés
« de sabres et couverts de sang : c'étaient eux **qui**

« exécutaient les malheureux prisonniers qu'on
« amenait là l'un après l'autre. On les y faisait
« monter sous le prétexte de prêter le serment de
« fidélité à la nation; mais dès qu'ils étaient au
« haut, leur tête était coupée et livrée au peuple,
« et leur corps en tombant sur ceux qui y étaient
« déjà servaient à élever cette horrible montagne
« dont l'aspect me parut si effroyable; lorsque je
« fus auprès, on voulut aussi m'y faire monter;
« mais M. Hardy, qui me donnait le bras, et huit
« ou dix hommes qui m'entouraient me défendi-
« rent; ils assurèrent que j'avais déjà prêté le ser-
« ment de fidélité à la nation, et autant par force
« que par adresse, ils m'arrachèrent des mains de
« ces furieux et m'entraînèrent hors de leur portée.
« A quelque distance de là, nous rencontrâmes un
« fiacre; on me mit dedans, après en avoir fait des-
« cendre la personne qui l'occupait; M. Hardy y
« monta avec moi ainsi que quatre des gens qui
« nous entouraient: deux montèrent derrière; deux
« se placèrent auprès du cocher, qu'on força d'al-
« ler très vite, et en peu de minutes je me trouvai
« loin de la prison.

« Dès que je fus en état de parler, ma première
parole fut pour m'informer de ma Pauline.
« M. Hardy me dit qu'elle était en sûreté et que
« j'allais la rejoindre; je lui demandai alors des
« nouvelles de ma compagne de prison, la Prin-
« cesse de Lamballe; mais, hélas! son silence m'an-
« nonça qu'elle n'existait plus. Il me dit qu'il au-
« rait bien voulu la sauver, mais qu'il n'avait pu
« en trouver le moyen.

« Pendant le chemin, je remarquai avec éton-
« nement combien ces hommes qui étaient au de-
« dans et autour du fiacre, étaient animés du dé-
« sir de me sauver ; ils pressaient sans cesse le
« cocher ; ils avaient l'air de craindre des passans ;
« enfin chacun d'eux paraissait être personnelle-
« ment intéressé à ma conservation. Leur zèle
« pensa même coûter la vie à un très bon homme
« chez lequel votre frère était caché. Pauline vous
« contera cette histoire, elle est vraiment touchante.

« J'arrivai enfin dans la maison de notre excel-
« lente parente Mme de Lède. J'y trouvai votre
« sœur, et après avoir donné quelques momens au
« bonheur de la retrouver, je pensai à m'acquitter
« de ma reconnaissance envers les gens qui avaient
« aidé à me sauver ; ils paraissaient tous dans la
« misère, et je ne pensais pas qu'ils pourraient re-
« fuser de l'argent ; mais lorsque je voulus leur
« en donner, aucun d'eux n'en voulut recevoir ; ils
« dirent qu'ils n'avaient voulu me sauver que parce
« qu'on leur avait bien prouvé que j'étais innocente;
« qu'ils se trouvaient bien heureux d'avoir réussi,
« et qu'ils ne voulaient pas être payés pour avoir
« été justes. Enfin, quoique j'aie pu leur dire, il
« me fut impossible de leur rien faire accepter, et
« tout ce que je pus obtenir d'eux, fut que chacun
« me donnât son nom et son adresse; j'espère
« qu'un jour enfin, je trouverai le moyen de les
« récompenser de ce qu'ils ont si généreusement
« fait pour moi.

« Adieu, ma Joséphine, nous avons eu, hier au
« soir, le plaisir de voir votre frère; il est caché

« chez de bien bonnes gens, et j'espère qu'il ne
« sera pas découvert. Pauline vous racontera son
« histoire qui vous intéressera sûrement, quoi-
« qu'elle ne soit pas à beaucoup près aussi tragique
« que les nôtres. »

Que vous dirai-je de l'effet produit sur nous par tous les détails qui nous parvinrent après coup sur l'horrible mort de Mme de Lamballe? Quand on l'eut séparée de Mme de Tourzel, on la conduisit d'abord à côté du portail de la première cour de la Force, où les assassins venus pour l'égorger firent d'inutiles efforts pour lui faire répéter les outrages dont ils couvrirent le nom sacré de la Reine. — Non, répondit-elle, jamais ! jamais ! plutôt mourir ! Entraînée par ses bourreaux auprès de cet amas de cadavres dont parle Mme de Tourzel, on la força de s'agenouiller, et, après l'avoir frappée de plusieurs coups de sabre, on lui déchira le sein, on lui arracha le cœur, on lui coupa la tête, on lui rougit les joues avec du sang ; on força, comme je vous l'ai déjà dit, un malheureux coiffeur à friser et et poudrer ses longs cheveux blonds qu'elle avait eus les plus beaux du monde ; et puis ces cannibales se formèrent en affreux cortége, précédé par des fifres et des tambours; ils portaient la tête sur une pique et furent la faire voir au Duc d'Orléans qui se montra sur un balcon de son Palais-Royal à côté de Mme Agnès de Buffon..... (vous voyez si la Duchesse d'Orléans avait manqué de bonnes raisons pour aller se réfugier à l'hôtel de Penthièvre?) M. Thierry de Ville-d'Avray m'a dit depuis ce temps-là que le même cortége était arrivé sous les murs du Temple et s'était arrêté sous les fenêtres de la Reine, que cette épouvantable foule appelait à grands cris pour lui faire voir les restes mutilés de sa parente et son amie. N'ayant pu réussir à la faire paraître, deux de ces bourreaux furent introduits dans la chambre de S. M. par le municipal à qui l'on avait confié la garde de sa porte : — Nous voulions te montrer la tête de la Lamballe, lui dirent-ils avec des éclats de rire....., et la Reine en eut un évanouissement qui dura deux heures et se reproduisit plusieurs fois pendant le reste de la nuit.

Pour vous reprendre l'histoire de Mme de Tarente à l'endroit où elle avait été séparée de Mlle de Tourzel, je vous dirai qu'on l'avait conduite à l'Abbaye St.-Germain, où l'on égorgeait les prisonniers tout comme à la Force et dans l'église des Carmes. Elle était restée la dernière, on ne sait pourquoi. Après avoir attendu qu'on vînt l'appeler, pendant quarante heures et sans fermer l'œil, au milieu des cris douloureux et des hurlemens féroces, on vint l'arracher du cachot où elle était plus morte que vive, on l'entraîna devant les septembriseurs, et comme elle était Dame du Palais de la Reine, on entreprit de lui faire signer une déclaration qui aurait inculpé cette princesse : — Vous connaissez très bien toutes les intrigues de la ci-devant reine avec les émigrés et les étrangers ! — Je ne connais d'elle que ses hautes vertus et sa parfaite bonté ! s'écria-t-elle avec un courage héroïque ! Si vous la connaissiez comme je la connais, vous ne pourriez vous empêcher de l'aimer ! Et voilà cette excellente et admirable femme qui fond en larmes à l'occasion de la Reine ; les bourreaux, les coutelas sanglans et les tas de cadavres ne lui sont de rien ; elle ne les voit plus ; elle ne pense qu'à la Reine et se met à parler de la Reine avec une énergie si généreuse, avec une onction si pénétrante, avec un éclat si magnifique, avec des mots si touchans et si lumineusement vrais, que ces égorgeurs en sont émus. Le couteau leur tombe des mains.... Ils étaient fatigués de carnage, et se retirent brusquement, en lui disant : — *Tais-toi ! retourne chez toi.*

Le premier mouvement de la Princesse de Tarente fut de tomber à genoux (dans le sang qui couvrait le pavé). Comme je me trouvais sur le chemin de son fiacre pour retourner à l'hôtel de Chastillon (1), elle se fit arrêter chez moi pour y changer de vêtemens et pour ne pas apparaître inopinément devant sa pauvre mère......

Depuis la hauteur des genoux jusqu'en bas, tout le devant de sa robe de perse était si complètement imbibé de sang humain, qu'on n'en pouvait distinguer ni les dessins, ni la couleur. Le cocher qui l'avait conduite écrivit le lendemain pour demander un dédommagement de vingt écus destinés à faire renouveler la doublure d'une portière et faire recouvrir les deux coussins du siège à l'intérieur de son fiacre. La Duchesse de la Vallière lui fit donner 400 livres, et sa fille, Mme de Chastillon, lui fit constituer une pension de cent écus. Cet homme nous a dit (et ceci n'est pas difficile à croire) que,

---

(1) Rue du Bac, au-delà des Missions-Étrangères.

lorsqu'il était venu stationner sur la place avec sa voiture, il ne savait rien des massacres, et qu'à cent cinquante pas des portes de la prison, le gros du peuple ne s'y doutait de rien.

Nous recevions tous les huit jours une copie du bulletin que l'association faisait rédiger pour envoyer à Monsieur, lequel était devenu Lieutenant-général du Royaume. Nous avons presque toujours été bien informés de ce qui se passait au Temple, et je vous dirai que la majeure partie des contributions royalistes aboutissaient à deux municipaux qui nous ont quelquefois servi d'intermédiaire auprès de la famille royale, et qui, le reste du temps, nous ont donné de ses nouvelles avec fidélité. Je pourrais vous nommer un autre membre du conseil de la Commune dont la conduite honorable était bien autrement méritoire, car il n'avait consenti à faire partie de ce conseil, dont il avait les principes en abomination, que par obéissance et pour essayer d'y rendre quelque service à la famille royale. C'était un homme du peuple, un pauvre père de famille à qui nous n'avons jamais pu faire accepter aucune rétribution. Je pense bien que le Roi songeait à lui, quand il a parlé dans son testament de certaines personnes dont il avait reçu des marques d'*attachement et d'intérêt gratuit*, qu'il ne pouvait nommer sans les compromettre, et qu'il recommandait *spécialement* à la reconnaissance de son fils..... Dans les circonstances où nous nous trouvons encore aujourd'hui, j'imiterai la prudente réserve de Sa Majesté. Ce digne homme est resté dans Paris; il habite une maison dont il est propriétaire au faubourg Saint-Jacques;

son nom de famille est le prénom de votre grand-père maternel et c'est vous en dire assez. Ne l'oubliez pas, si vous survivez, comme je l'espère, à la révolution.

Je trouve sur notre journal de correspondance, à la date du 9 décembre 1792, que Manuel a dit ce qui suit à la séance du conseil de la Commune :
..... « Lorsque j'y suis arrivé, Louis de la Tour (celui-ci ne voulait pas dire Capet, en objectant assez raisonnablement que le grand-père de Hugues Capet s'appelait Robert *le Fort* et que son fils s'appelait Robert *le Pieux*.) « Louis de la Tour ignorait qu'il
« n'était plus roi. Il paraît que le décret ne lui avait
« pas encore été signifié? Je suis allé lui faire une
« petite visite, et j'ai cru devoir lui apprendre l'éta-
« blissement de la république française. Vous n'ê-
« tes plus roi, lui ai-je dit, voilà une belle occasion
« de devenir bon citoyen. Il n'a pas eu l'air de
« m'entendre, et sa figure ne m'a laissé voir au-
« cune altération. J'ai ordonné à son valet-de-
« chambre de lui ôter ses décorations qu'il avait
« portées jusque-là, de sorte qu'il avait mis un ha-
« bit royal à son lever, et qu'il se couchera avec la
« robe-de-chambre d'un simple citoyen. Il est cou-
« pable, je le sais; mais comme il n'a pas encore
« été reconnu tel par la loi, nous lui avons promis
« les égards dus à un prisonnier. Nous sommes
« convenus qu'il ne faut pas tant de prodigalité
« pour sa nourriture : pour son intérêt comme pour
« celui de la nation, il est bon de l'accoutumer à
« plus de frugalité. Je lui ai parlé de nos conquê-
« tes, je lui appris la réduction de Chambéry, de

« Nice, etc., et je lui ai montré la chute des rois
« aussi inévitable que celle des feuilles. Je lui ai fait
« retirer plusieurs livres d'église qu'il a paru re-
« gretter, et je lui ai dit que c'était à cause de ses
« ci-devant armoiries qui étaient sur la couverture.
« On lisait sur une pendule de la chambre occupée
« par Louis de la Tour, *Lepaute, horloger du Roi :*
« on a effacé le nom du roi, on y a substitué celui
« de la république. Au reste, il ne peut se plain-
« dre d'aucun traitement rigoureux ; je vous répète
« que la loi ne l'a pas encore condamné, ainsi nous
« ne devons pas le punir, et il est très facile d'être
« sévère et bon. »

A côté de ces promesses d'égards, voici ce que je trouve sur notre manuscrit de correspondance, à la date du 11 décembre, c'est-à-dire le surlendemain de cette visite de Manuel :

« Le conseil de la commune de Paris vient d'ar-
« rêter après délibération :

« 1° Sur la demande répétée de Louis Capet, qui
« se dit fatigué de la longueur de sa barbe, qui re-
« fuse de se laisser raser et qui sollicite la permis-
« sion de se raser lui-même, qu'il lui sera confié
« deux rasoirs dont il ne pourra faire usage que
« sous les yeux de quatre commissaires, auxquels
« lesdits rasoirs devront être rendus immédiatement
« après (1) ;

(1) « Il y avait trois mois et 13 jours que le Roi n'avait pu
» se faire la barbe, et Billaud-Varennes a dit qu'il était poli-
« tique et prudent de le laisser se raser, pour que sa vue ne
« fît pas une mauvaise impression sur les spectateurs des tri-

« 2° Que la demande d'un dentiste au choix de
« la commune, laquelle demande faite par Louis
« Capet, qui se plaint de souffrir d'une de ses
« dents, lui sera refusée;

« Sur la demande de la femme, de la sœur et de
« la fille de Louis qui ont désiré qu'on leur fît prê-
« ter des ciseaux pour se couper les ongles, le con-
« seil a décidé qu'il n'y avait lieu à délibérer ;

« 4° Que la demande de la femme de Louis qui
« a fait dire qu'elle désirait que leur linge, et sur-
« tout celui de sa fille et de son fils, ne fussent pas
« malpropres, il a été convenu que l'on aurait
« égard à cette réclamation, et que les commissai-
« res de jour à l'époque de la rentrée du linge, se-
« raient autorisés à faire imposer une diminution
« sur le prix du blanchissage en cas de négligence
« reconnue par eux et vérifiée.

« bunes de la salle et des rues, le jour de sa comparution qui
« ne pouvait tarder, d'après ce que l'on avait su du citoyen
« Tallien. »

CHAPITRE V.

Événemens révolutionnaires. — Séances de la Convention. — Discours des régicides. — Saint-Just, Manuel, Condorcet, Roberspierre, Seconde, etc. — Votes de Legendre, de Barrère et du Duc d'Orléans. — Lettre de M. de Talleyrand à à la Convention pour se disculper d'avoir eu l'intention de servir le Roi. — Défense et mort de Louis XVI. — Lettre du bourreau de Paris. — L'aumônier du Roi. — Cérémonie funèbre au cimetière. — Prénoms républicains. — La famine en prison. — Mesdames d'Innisdaël et de Valentinois. — Étrangeté de cette dernière et singularité de ses propos. — Le surtout de M. Necker et piété filiale de Mme de Staël. — Mlle de Sombreuil en prison. — M. de Grand-Champ et son homonyme. — Danger et présence d'esprit de ce prisonnier — Mort du Duc de Penthièvre. — L'Abbesse de Fontevrault, son serment et sa rétractation. — Charlotte Corday. — Funérailles de Marat. — Culte institué pour *le cœur de cet Ami du peuple*. — Supplice de Charlotte Corday. — Opinion d'un médecin sur les souffrances causées par la décapitation. — Institutions et législation conventionnelles. — Décrets absurdes. — Loi des suspects, calendrier républicain, etc. — La Marquise de Forbin-Janson. — Projet de libération pour la Reine et refus généreux de Marie-Antoinette. — Vénalité de Chabot et sa dénonciation contre Mme de Forbin. — Condamnation de cette dernière. — Supplice de la Reine. — Souffrances et suspension du récit de l'auteur.

Après de longs débats occasionnés par le refus de maître Target que Louis XVI avait désigné pour être un de ses défenseurs (honneur dont il était bien indigne !), il fut décidé que la défense du Roi serait confiée à l'honorable M. de Sèze, assisté de MM. de Malesherbes et Tronchet. Ce pauvre Malesherbes, qui nous avait tant fait de mal ! Quand son vieux père avait dit au Roi : « Je supplie votre Majesté de ne confier jamais aucune grande place à mon fils qui ne saurait la bien servir... » Il ne prévoyait guère le genre de service et le dernier service que son fils serait appelé à rendre au Roi de France (1) !

Un grand nombre de personnes, au nombre desquelles il est juste de mentionner MM. de Cazalès, de Bouillé, de Lally-Tollendal, de Narbonne, Malouet, Bertrand de Molleville, de Grave, et Mesnil-Durand, eurent le courage d'élever la voix en faveur de Louis XVI, et de se proposer pour le défendre; mais il parut à la même époque une lettre de l'Abbé de Talleyrand qu'il avait eu l'infamie d'écrire de Londres à la Convention nationale, et dans laquelle il se défendait courageusement d'avoir eu l'*intention d'être utile à celui qu'on venait de mettre en accusation*. Je me souviens qu'il y reprochait au Roi, notamment, d'avoir eu des inquiétudes de conscience *aux approches de Pâques*, à propos du culte catholique, de ce culte que la nation avait bien voulu *payer*, uniquement parce qu'il tenait à la croyance *du plus grand nombre* et nullement parce qu'il aurait été *plus divin qu'aucune autre religion*.

L'Assemblée nationale avait détruit la royauté,

---

(1) Voyez, à l'appui de cette observation, l'ouvrage intitulé *Particularités sur les ministres des finances*, par le Baron de Monthyon. Londres, 1812.   (*Note de l'Éditeur* -

mais c'est l'Assemblée constituante qui a tué le Roi. La Convention n'a tué que l'homme. Les constituans l'avaient accusé, détrôné, dépouillé, condamné; les conventionnels n'ont fait que le livrer à la hache; ils ont été parricides, mais les véritables régicides ont été les Lafayette et les Talleyrand (1).

Entre les opinions qui furent émises à la Convention par les régicides, et qui nous furent transmises par les journaux du temps, il n'est pas mal à propos de vous signaler celle du député Saint-Just, à cause de sa dialectique.

« Représentans, on voudrait vous persuader que
« le ci-devant roi devrait être jugé en simple ci-
« toyen; et moi, je vous dis qu'il doit être jugé en
« ennemi; que vous avez moins à le juger qu'à le
« combattre, les formes de la procédure à son égard
« ne devant point être prises dans le droit civil,
« mais dans la loi du droit des nations. Les len-
« teurs, le recueillement et l'équité vulgaire seraient
« ici de véritables imprudences; la plus funeste se-
« rait celle qui vous ferait temporiser avec lui. Un
« jour on s'étonnera qu'au dix-huitième siècle on
« ait été moins avancé que du temps de César. Là,
« le tyran fut immolé en plein sénat, et aujourd'hui
« vous voulez faire avec une sorte de respect le pro-

(1) Le Cardinal Maury disait brusquement, en 1812, au conventionnel Fouché de Nantes : — *Les Notables étaient des extravagans : à l'Assemblée nationale, nous étions des écervelés : les membres de la Constituante étaient des coquins : mais ceux de la Convention nationale étaient des gredins, vous n'en disconviendrez pas, Monsieur le Duc.* (*Note de l'Éditeur.*)

« cès d'un homme assassin du peuple? Que ne
« doivent pas craindre les véritables amis de la li-
« berté en voyant trembler la hache dans vos mains?
« Pour moi je n'y vois point de milieu, cet homme
« doit régner ou mourir : et ne pas juger un roi
« comme on jugerait un citoyen? Ceci ne manquera
« pas d'étonner la postérité froide. Hâtez-vous donc,
« car il n'est pas de citoyen qui n'ait sur Louis le
« même droit que Brutus avait sur César. Louis
« étant un autre Catilina, son meurtrier pourrait
« dire, comme le consul de Rome, qu'il a sauvé la
« patrie. Louis a combattu le peuple; il est vaincu,
« c'est un barbare, c'est un étranger, c'est un cri-
« minel! Ce traître n'est pas le roi des Français, ou,
« pour mieux dire, il ne l'est plus; c'est le chef de
« quelques conjurés. Il est le meurtrier de la Bastille,
« du cinq juin et du dix août. Quel ennemi, quel
« étranger a jamais fait plus de mal à notre pa-
« trie?..... »

Écoutez présentement l'Abbé Grégoire, cet évêque
janséniste et constitutionnel, institué par M. de
Talleyrand : « Lorsque j'ai entrepris de lutter il y a
« seize mois, contre les brigands de l'Assemblée
« nationale, j'ai prouvé que Louis Capet pouvait et
« devait être mis en jugement. Tous les monumens
« de l'histoire déposent que la royauté et la justice
« sont, comme les deux principes des Manichéens,
« dans une lutte perpétuelle; que les rois sont la
« classe d'hommes la plus immorale ; que lors même
« qu'ils font un bien apparent, c'est pour s'auto-
« riser à faire un mal réel; que cette classe d'êtres
« purulens fut toujours la lèpre des gouvernemens

« et l'écume de l'espèce humaine..... Ils répètent
« l'absurde maxime qu'ils tiennent leurs couronnes
« de Dieu; eh bien! les peuples, prêts à broyer ces
« monstres, qui se disputent les lambeaux des
« hommes, vont prouver qu'ils tiennent leur liberté
« de Dieu et de leurs sabres. »

— « Citoyens! s'écriait Manuel, il fut roi, donc
« il est coupable, car ce sont les rois qui ont dé-
« trôné les peuples... Sans ces Mandrins couronnés,
« il y a long-temps que la raison et la justice em-
« belliraient et couronneraient la terre. Que de temps
« il a fallu pour casser la fiole de Reims! Législa-
« teurs, hâtez-vous de prononcer une sentence qui
« consommera l'agonie des rois! Entendez-vous
« tous les peuples qui la sonnent? Un roi mort ne
« compte pas pour un homme de moins. »

Le philanthrope Condorcet vient ensuite aligner
géométriquement certaines affinités qu'il a décou-
vertes entre la raison universelle des peuples et les
lois éternelles de l'équité générale; il se met à dis-
serter sur l'existence collective des agrégations humaines qui doivent refuser d'admettre les influences
des anciennes habitudes, en prétendant modeler
tous les peuples dans tous les âges sur un archétype
invariable, et c'est à cause de cela qu'il propose à la
Convention de condamner le Roi Louis XVI à la
peine des fers, c'est-à-dire à la galère perpétuelle...

— « Écoutez, s'écrie d'un air sinistre et d'une
« voix sépulcrale, le frère aîné de notre aimable et
« malheureux camarade de prison, le jeune André
« de Chénier, — Écoutez, citoyens, mes collègues;
« écoutez la voix de cette morale naturelle, source

« de la morale publique, base de tout pacte social,
« type de la déclaration des droits de l'homme !
« C'est elle qui dans les mouvemens révolution-
« naires remplit l'interrègne des lois : c'est elle qui
« distingue l'insurrection de la révolte et la tyrannie
« de l'assassinat. Frappez, tandis que le tocsin de
« la liberté sonne dans l'Europe entière la première
« heure des nations et la dernière heure des Rois ! »

A la suite de cette amplification dramaturgique, c'est un autre député nommé Thibaudeau, qui s'élance à la tribune..... — « Sommes-nous républi-
« cains ? s'écrie-t-il en rugissant, eh bien, jugeons
« promptement Louis XVI, et que l'échafaud d'un
« roi devienne le trône de la république univer-
« selle..... Ne vous laissez entraîner par aucun
« mouvement de générosité ! Les nations en par-
« donnant à leurs oppresseurs se sont toujours pré-
« paré de nouveaux fers. Que Louis soit donc jugé,
« et que sur la place de son supplice il soit élevé un
« monument qui retrace à la postérité la plus re-
« culée ce que firent les Arcadiens après avoir
« mis à mort Aristocrate leur roi, traître envers la
« patrie. »

Le jeune Roberspierre est d'avis qu'on adopte la forme la plus expéditive, attendu qu'il n'est pas à craindre de manquer de justice envers un être aussi pervers *qui n'est que crimes et forfaits.* — « Je pro-
« pose de décréter que Louis Capet soit traduit à
« la barre pour y entendre prononcer son jugement
« de mort, et être conduit sur-le-champ au sup-
« plice. »

Tout cela, comme vous pensez bien, nous semblait effrayant, sans contredit, mais par-dessus tout, monstrueusement absurde. Le chef-d'œuvre du temps fut, à mon avis, le discours de Robert (des Ardennes), et j'ai toujours conservé le *Journal du Soir*, où j'avais trouvé ce beau parangon de l'éloquence révolutionnaire.

« Assez et trop longtemps, les rois ont usurpé le
« droit de juger les hommes, et le jour est venu où
« les hommes vont juger les rois. Des citoyens en-
« core étonnés de la glorieuse et heureuse journée
« du dix août, se font une grande affaire de juger
« un roi; leur étroite cervelle conçoit avec quelque
« peine l'idée que sa Majesté le Roi de France et
« de Navarre sera interrogé par nous; que le des-
« cendant de Henri IV et de Louis-le-Grand sera
« amené à notre barre; que la hache du bourreau
« pourra abattre cette exécrable et orgueilleuse tête
« qui osait s'élever au-dessus du peuple! Ah! que
« ces hommes sont au-dessous de ma pensée! Qu'ils
« sont loin de la vôtre, législateurs du monde! al-
« lez, si quelque chose est petit dans notre mission,
« si les représentans de la république française et
« de la nation pouvaient paraître en disproportion
« morale et politique avec la hauteur immense où
« la volonté et le libre choix de leurs concitoyens
« les a placés, n'est-ce pas à cause que nous en
« sommes réduits, nous représentans d'un peuple
« libre, à nous occuper d'un roi, c'est-à-dire non-
« seulement d'un tigre, d'un anthropophage, d'un
« de ces êtres que la liberté abhorre, que l'égalité
« repousse, que l'humanité exile à jamais de la terre
« des vivans! mais d'un insecte, d'un vil insecte!....

« Quel est celui d'entre vous qui a jamais pu en-
« tendre prononcer le nom du roi sans horreur
« sans mépris et sans dégoût? Oui, je le dis sans
« crainte d'en être démenti par la conscience d'au-
« cun être éclairé, probe et sincère; tous les actes
« sanguinaires ou de cruauté qui paraîtraient avoir
« souillé la révolution depuis le meurtre de Réveil-
« lon en 89, jusqu'aux massacres du dix août et
« du deux septembre, ont été l'ouvrage de ce per-
« fide et lâche tyran! Si celui qui a commis plus de
« cruautés que Néron, que Don Pèdre; si un
« homme, au nom de qui, et par qui, et pour qui
« il a été égorgé plus d'humains que son existence
« ne se compose d'heures, de momens, je vous de-
« mande de quel droit cet être prétendrait au privi-
« lége absurde et barbare de se baigner impuné-
« ment dans le sang, non pas de ses semblables,
« mais des individus malheureux dont il a toujours
« été le fléau persécuteur? Louis Capet ne ressem-
« ble à rien dans la nature, si ce n'est à cette femme
« exécrable complice de ses crimes. — La mort dans
« les vingt-quatre heures! — la mort! »

Et puis arrivèrent les 387 votes sanglans, dont
nous suivîons les formules avec une horreur inex-
primable. Ce Legendre, boucher de profession, qui
n'est pas, dit-il, de ces *hommes d'état*, qui peuvent
ignorer qu'on *ne frappe les Rois qu'à la tête*; et ce
Barrère avec son arbre de la liberté, qui ne peut
croître qu'arrosé de sang, maxime qu'il avait pillée
dans le koran des nouveaux Templiers. Vous par-
lerai-je de ce député de l'Aveyron qui trouve les
formes judiciaires observées par la Convention, trop

solennellement longues et trop protectrices, et qui condamne à mort en faisant un plat calembourg, et disant : — « Oui, citoyens!, je demande l'exécu-
« tion la plus prompte, et je vote pour la mort dans
« une seconde, parce que je m'appelle *Seconde*. »

Entendez-vous le Duc d'Orléans qui vote la mort du Roi, et parce que le Roi *mérite la mort*, ose-t-il dire, et ne voyez-vous pas la main de Dieu qui commence à s'appesantir sur lui? Il avait compté sur une sorte de confraternité dans le crime, et voilà Manuel, un autre régicide, qui fait tomber sur lui ces paroles de sinistre augure : — « Nous sommes
« des législateurs et non pas des juges. Si la Con-
« vention nationale était un tribunal, on n'aurait
« pas eu la surprise d'y voir siéger le plus proche
« parent de Louis XVI, qui n'a pas eu, sinon la
« conscience, au moins la pudeur de se récuser.... »
— Sur la première question, dit le représentant Duprat, je dirai *oui* avec d'autant plus de confiance que d'Orléans a dit *non*. — Il ne nous reste que le choix des maux, reprend Caton Salles; mais heureusement que Louis Capet nous laisse de tous ses parens celui qui peut le mieux dégoûter de la royauté! — En votant la mort de Louis, s'écrie Barbaroux, je m'apprête à voter la mise en jugement d'un autre Bourbon..........

O profondeur de l'éternelle justice! n'admirez-vous pas le regret honteux de ce d'Orléans! son accablement, sa terreur, quand il entend ce pronostic funeste avec ces cris dérisoires et cette rumeur de mépris! Voyez donc ce fléau qu'on assomme et ce monstre dont l'enfer se moque!

Les révélations qui se rattachent aux sombres particularités de la Tour du Temple, ainsi qu'à l'admirable mort du Roi, ne sont ignorées de personne, mais il existe un document peu connu, qui pourrait tomber dans l'oubli du peuple Français, et qui mérite assurément d'en être preservé. C'est une lettre du bourreau de Louis XVI, en réplique à l'accusation d'un journal intitulé *le Patriote,* où l'on avait osé dire que le fils de Saint-Louis avait manqué de courage et de fermeté sur l'échafaud.

Lettre du citoyen Sanson, principal exécuteur des jugemens criminels, au Rédacteur du Patriote *(Numéro du 22 février 1793).*

« Citoyen,

« Un voyage d'un instant a été la cause que je n'ai pas eu l'honneur de répondre à l'invitation que vous me faites dans votre journal, au sujet de Louis Capet. (*Le journaliste contredit par Sanson l'avait invité à tracer le récit exact de l'exécution du Roi*). Voici, suivant ma promesse, l'exacte vérité de ce qui s'est passé. Descendant de la voiture pour l'exécution, on lui a dit qu'il fallait ôter son habit ; il fit quelques difficultés, en disant qu'on pouvait l'exécuter comme il était. Sur la représentation que la chose était impossible, il a lui-même aidé à ôter son habit. Il fit ensuite la même difficulté lorsqu'il s'est agi de lui lier les mains, qu'il donna lui-même lorsque la personne qui l'accompagnait lui eut dit que c'était un dernier sacrifice. Il s'informa si les ambours battraient toujours ; il lui fut répondu que l'on n'en savait rien, et c'était la vérité. Il monta sur l'échafaud ; il voulut foncer sur le devant, comme voulant parler ; mais on lui représenta que la chose était impossible encore ; il se laissa alors conduire à l'endroit où on l'attacha et où il s'est écrié très haut : PEUPLE, JE MEURS INNOCENT ! ensuite, se retournant vers nous, il nous dit : JE SUIS INNOCENT DE TOUT CE DONT ON M'INCULPE. JE SOUHAITE QUE MON SANG PUISSE CIMENTER LE BONHEUR DES FRANÇAIS. Voilà, Citoyen, ses dernières et véritables paroles. »

« L'espèce de petit débat qui se fit au pied de l'échafaud, roulait sur ce qu'il ne croyait pas nécessaire qu'il ôtât son habit et qu'on lui liât les mains. Il fit aussi la proposition de se couper lui-même les cheveux. »

« Et pour rendre hommage à la vérité, il a soutenu tout cela avec un sang-froid et une fermeté qui nous a tous étonnés, et je reste très convaincu qu'il avait puisé cette fermeté dans les principes de la religion, dont personne plus que lui ne paraissait pénétré et persuadé. »

« Vous pouvez être assuré, Citoyen, que voilà la verité dans son plus grand jour. »

Signé SANSON.

Paris, ce 20 février, an 1er de la république.

Tous les domestiques et tous les voisins de Mme de la Reynière ont dit qu'ils avaient aperçu le général Égalité, ci-devant Duc de Chartres, lequel était monté sur une borne à la porte de l'hôtel de la Vieuville (c'est-à-dire au coin de la place Louis XV et de la rue des Champs-Élysées), et lequel avait les yeux fixés sur l'échafaud. Aussitôt que l'exécuteur eut élevé la tête du Roi pour la montrer aux spectateurs, le général Égalité monta sur un cheval qu'on lui tenait en lesse à la porte de l'hôtel de la Reynière, et il s'éloigna précipitamment. On a dit que c'était pour aller annoncer à l'armée républicaine, où il avait de l'emploi, que le tyran n'existait plus; mais je ne sais pas si cette partie de la nouvelle était bien exacte. C'est un article de notre bulletin que je n'ai pas pris la peine de vérifier.

Il est assez connu que le Sieur Leduc, ancien tailleur de la maison du Roi, avait envoyé une pétition pour qu'il lui fût permis de faire inhumer à ses frais le corps de Louis XVI. On lui fit son procès dans les vingt-quatre heures, et il fut conduit à l'échafaud le lendemain matin.

Pendant la nuit du 22 au 23 janvier, l'Abbé du Puget, aumônier du Roi, fut introduit dans le cimetière de la Madelaine, et de concert avec le chef des fossoyeurs, il y revêtit ses habits sacerdotaux. Pendant qu'il y récitait l'office des morts à la lueur d'une lanterne sourde, il entendit un vacarme affreux à la porte du cimetière; c'était une patrouille de bonnets-rouges, et comme il ne douta pas qu'ils n'eussent aperçu de la lumière, et qu'ils ne finissent par enfoncer la porte, il se hâta de procéder à la bénédiction de la fosse où l'on avait jeté le corps du Roi, et quand il se fut acquitté de cette pieuse fonction, pour laquelle il avait été commis par l'Abbé de Dampierre : — Restez ici, dit-il au fossoyeur, et tâchez de vous sauver tandis qu'ils vont être occupés de moi..... Il s'achemina du côté de cette porte, en surplis, avec son étole et sa croix de St.-Lazare;... il ne doutait pas de marcher au devant d'une mort certaine; mais il espérait charitablement que la fureur de ces révolutionnaires allait s'acharner et s'épuiser sur lui.

Tout en avançant dans une obscurité profonde, et dans un trouble qui n'était pas moins profond, il sentit ses deux pieds glisser sur le bord d'une fosse dans laquelle il tomba sur une bière qu'on n'avait pas encore eu le temps de recouvrir de terre, et sur laquelle il se trouva tout naturellement étendu, comme pour y recevoir le coup de la mort... Quand les sectionnaires eurent forcé la porte et qu'ils eurent fait irruption dans le cimetière, ils n'y aperçurent qu'un autre sans-culotte en bonnet rouge et en sabots qui piochait à la clarté d'une petite lanterne, et qui leur dit : — Pourquoi donc venez-vous troubler les bons citoyens ? Est-ce que je savais que vous étiez des patriotes ? Vous voyez bien qu'il faut que je travaille la nuit, car voilà une fosse que je n'ai pas encore eu le temps de combler... et c'était celle où se trouvait l'Abbé du Puget. — C'est vrai, se dirent les hommes de la patrouille, et ils s'en allèrent.

Ce fossoyeur de la Madelaine avait nom Brutus Gauthier. Nous lui fîmes donner une cinquantaine de mille francs en assignats, ce qui ne le rendit pas bien riche ; mais l'Abbé du Puget l'a revu plusieurs fois depuis notre mise en liberté, et si je ne tarde pas à mourir, ainsi qu'il est présumable, ayez la bonté de ne pas lui retrancher les cinquante francs que je lui fournis sur une pension de cinquante écus, à l'effet de payer l'apprentissage de son fils Mutius-Scévola Gauthier, qui se destine à l'épinglerie.

A l'imitation de Philippe Égalité, leur patron, tous les jacobins avaient pris des noms de circonstance. Un ancien maître d'école à Nevers, appelé Chaumet, fut élu procureur de la commune de Paris, et voici le discours qui lui avait obtenu la majorité des suffrages. « — Citoyens, je m'appelais
« ci-devant Pierre Gaspard, parce que mon parrain
« croyait aux saints du paradis, mais moi, qui ne
« crois qu'à la révolution, qui est l'enfer des tyrans
« et des esclaves, j'ai pris le nom d'un saint qui a
« été pendu pour ses principes républicains : je
« m'appelle Anaxagoras. » Il avait paru des essaims d'Agricola, de Publicola, d'Aristide, de Caton, de Gracchus, et d'Anacharsis ; un sans-culotte imagina de nommer son fils Marat-Couthon-Pique; et les journaux de vanter l'intelligence et le patriotisme avec lesquels on avait contracté ces trois *noms indicateurs du plus ardent civisme et des plus pures vertus!* Les mêmes gazettes nous annoncèrent aussi que le ministre Lebrun s'était distingué parmi ces idiots en donnant à une de ces filles les noms de Civilisation-Jemmapes-Victoire-République-Française.

Cependant la famine était dans Paris, et la famine était surtout dans les prisons, où l'on avait distribué, pendant huit ou dix jours, une espèce de pain de si mauvaise facture et de si mauvais goût, que les chiens n'en voulaient pas manger. Quand on en avait retiré la croûte qui était la seule partie plus ou moins comestible, il ne restait qu'une espèce de bouillie noire et visqueuse qui s'attachait aux couteaux, et qui restait collée sur le fond des assiettes, en s'y déformant comme un cataplasme. Ma provision de riz fut bientôt consommée, comme aussi le gruau de la Princesse de Ghistelles et l'orge perlé de la Duchesse de Choiseul, attendu que nous les répartîmes exactement sur tous nos compagnons d'infortune, y compris la famille de notre geôlier qui se mourait de faim. Si j'avais pu m'effrayer pour le lendemain, j'aurais cru faire insulte à la providence de Dieu. A chaque jour suffit sa peine, et ce n'est pas le pain du lendemain que nous demandons à Notre Père qui est aux cieux.

Cependant le mauvais pain finit par manquer à toute la population de Paris, si mauvais qu'il fût, et le gouvernement fit distribuer un jour à chacun de ses prisonniers une douzaine de petites mesures de toutes sortes de graines, telles que pois chiches, fèves de marais, haricots, seigle, froment, orge, maïs, avoine, épautre et sarrazin, graine de chou, graine de navets, graine de salade et graine de luzerne; il y avait jusqu'à du chenevis, et la mesure de chacune de ces provendes était un gobelet de verre. — Tirez-vous-en comme vous pourrez. Si vous avez des moulins ou des mortiers avec des pilons, faites-en de la farine, et sinon faites-les bouillir en macédoine.

Les commissaires du comité de subsistance dirent

à nos guichetiers qu'on n'avait pas pu réduire toutes ces graines en farine pour nous en fabriquer du pain, comme à l'ordinaire, parce que la rivière était à sec et qu'il n'avait pas fait assez de vent pour faire tourner les moulins.

La personne la plus contrariée de ce mauvais régime était la Comtesse d'Hinnisdaël, attendu qu'elle était continuellement préoccupée de gourmandise.
—Imaginez ce que j'ai vu là-bas! s'écrie-t-elle en nous arrivant éperdument.

— Qu'est-ce qu'il y a ? Qu'est-ce qui va nous arriver?.... — Qu'est-ce que c'est donc?

— C'est le jardinier qui déjeûne en mordant à même un pain de quatre livres, et dans une botte de radis sans la délier.

— Que le diable t'emporte avec tes histoires de mangerie! lui dit sa tante de Ghistelles, tu nous es venue faire une frayeur mortelle, et tu n'as de souci que pour ne pas mourir de faim (1)

La Princesse de Ghistelles avait une charmante histoire de table à propos de M. Necker, et c'était qu'un jour, en sa maison de campagne, à Saint-Ouen, les convives de cet adorable homme étaient en admiration devant un plateau dormant, sur le milieu duquel on avait mis un gros vase avec une gerbe de fleurs! Mᵐᵉ de Staël en témoignait une sorte de

(1) Louise Élizabeth de Melun, Princesse d'Épinoy, Grande d'Espagne, etc, veuve de Philippe Emmanuel Prince de Ghistelles et du S. Empire, Marquis de Saint-Floris et de Croix. Elle était la dernière de sa maison, ce qui valut la Grandesse d'Espagne à son mari. (*Note de l'Auteur.*)

mécontentement inexplicable. — *Comment pourrais-je aimer*, disait elle en soupirant, *comment pourrais-je aimer un surtout qui m'empêche de voir mon père ?*....

Ces Dames avaient passé deux mois à la prison de la Bourbe, où tout le monde se levait respectueusement, nous dirent-elles, aussitôt qu'on voyait paraître Mlle de Sombreuil, à qui les guichetiers n'osaient parler qu'en tenant leur bonnet rouge à la main (1).

Chaque prisonnier qui s'entendait appeler pour être conduit à ce qu'on appelait l'*interrogatoire*, allait embrasser ses amis et faire ses adieux à tous ses compagnons de captivité. Mme de Ghistelles et d'Hinnisdaël nous racontaient comment le Baron de Grand-Champ s'était ouï demander à la geôle à neuf heures du matin (l'heure fatale), qu'il s'était levé, qu'il avait été prendre congé d'elles en essuyant une larme, et puis qu'il avait eu l'heureuse idée de se faire appeler une deuxième fois. Aux prénoms écrits sur la liste que vinrent lui montrer les deux commissaires du tribunal, il reconnut qu'il était question d'un autre gentilhomme qui portait le même nom de Grand-Champ, mais sans aucune parenté connue, et dont il avait reçu plusieurs fois les lettres et les papiers, comme il arrive assez souvent dans les méprises de nom

---

(1) Marie de Viriot de Sombreuil, née en 1775.
On sait à quel prix il lui fallut acheter la clémence des bourreaux pour son père. Ils lui présentèrent un verre de sang !.....
Mademoiselle de Sombreuil n'est morte qu'en 1823.
Au bout de 30 ans il lui était encore impossible de **boire** et de **regarder boire** du vin rouge. (*Note de l'Éditeur.*)

— Citoyens, dit-il aux commissaires, je m'appelle Adrien-Joseph et non pas Charles-Isidore; ainsi mon tour n'est pas venu.

Le beau-frère de ce M. de Grand-Champ qu'on poursuivait, se trouvait précisément à la Bourbe, et M. de Grand-Champ, qui venait de sortir d'affaire, eut le bonheur d'apprendre que son homonyme était à l'armée de Condé.

Si nous avions pu rire de quoi que ce fût, nous aurions pris le divertissement d'écouter la Duchesse de Valentinois, qui disait mille choses inouies. Elle était, comme je vous en ai déjà prévenu, la fille et l'héritière de la Duchesse de Mazarin qui donnait de si belles fêtes champêtres; mais la mère était la sagesse même en comparaison de notre camarade aux Oiseaux (1).

Imaginez que le feu venait de prendre dans ma chambre au milieu de la nuit et que je me réfugiai dans la sienne, où je la trouvai tête-à-tête avec les débris d'un gros pâté. Elle était à s'éventer avec une assiette d'argent.

— Par ma foi, dit-elle, je suis bien aise de l'accident qui vous amène et nous allons passer toute la nuit à causer ensemble. Vous êtes une femme d'esprit, à ce que disait ma mère, et j'ai toujours détesté les ennuyeux.

(1) Louise-Félicité-Victoire d'Aumont de Rochebaron de Villequier, Duchesse héritière de Mazarin, née en 1753, mariée en 1777 à Honoré-Charles de Goyon-Grimaldi, Duc de Valentinois, prince héréditaire de Monaco, etc., morte à Paris en 1826. *(Note de l'Éditeur.)*

— A propos d'ennuyeux, poursuivit-elle en éclatant de rire, il faut que je vous dise une drôle de chose d'un laquais que j'avais pris à Chilly et qui s'appelait La Brie. Je lui avais commandé de ne pas me laisser entrer des ennuyeux, et de se mettre aux aguets pour les empêcher de passer ma première antichambre (si les suisses de ma porte avaient la négligence d'en laisser monter); mais comme on avait laissé venir jusqu'à moi M. de la Tour-Maubourg, j'envoyai chercher ce La Brie pour le tancer de la belle manière; et savez-vous ce qu'il me répondit? — Non, je n'imagine pas ce que La Brie...
— Madame, il me répondit avec un air de fierté, comme un géant qu'il était : — Comment donc Mᵐᵉ la Duchesse peut-elle dire que M. le Comte de la Tour-Maubourg est un ennuyeux? — un homme de cinq pieds dix pouces!

Elle avait encore une étrange histoire de laquais, et celle-ci n'avait pas plus de six mois de date. Elle avait pris un *homme de confiance* qui avait un *certificat de civisme*, et qui lui avait été recommandé par par la citoyenne de Châteaugiron : ce devait être un paratonnerre assuré! — Vous allez couvrir le feu, lui dit-elle un soir, après s'être mise au lit; mais comme il n'en finissait pas, — Dépêchez-vous donc, lui dit-elle. — Encore un moment, répliqua-t-il, et comme elle entr'ouvrit ses rideaux, elle aperçut qu'il était à mettre ses cheveux en papillotes, et la voilà qui s'écrie : — Comment donc! vous êtes à vous coiffer de nuit devant ma glace! avez-vous perdu la tête? — Mais, citoyenne, est-ce que je n'ai pas l'avantage de coucher............ — J'espère bien que non, répliqua-t-elle en se mettant sur son séant. — Mais j'ai dû penser........ — Comment vous avez dû penser que j'étais capable...... — Mais, citoyenne, vous m'aviez dit de couvrir le feu, et voyez-vous, c'est que je sors de chez la citoyenne Dev..... et lorsqu'elle me disait de couvrir le feu... Enfin, je suis bien au regret d'avoir fait attendre inutilement la citoyenne et de l'avoir impatientée.

Cette extravagante personne avait fait prier André de Chénier de lui choisir et de lui envoyer des livres, et comme elle était restée dans les apparences et les conditions de l'ancienne élégance pastorale, avec des nœuds et des guirlandes à ses chapeaux, Chénier lui fit apporter, par notre Guichetier, les *Idylles* de Gessner et les *Églogues* de Fontenelle.

— Je ne sais pas, nous dit-elle en bâillant, pourquoi les poètes établissent toujours les *bergères* avec les *bergers* sur de la *fougère?* J'ai fait des parties de campagne avec plusieurs officiers de la garnison de Monaco, et je vous assure que la fougère n'est pas plus commode que toute autre chose.....

M. le Duc de Penthièvre était tombé malade immédiatement après la condamnation de Louis XVI, et l'Abbé de Dampierre ne put me laisser ignorer que sa maladie ne laissait aucune espérance. La dernière lettre que j'aie reçue de cet excellent prince était du 19 février 1793. Il m'y disait expressément qu'il ne pourrait survivre à la mort du Roi, qu'il me faisait ses adieux et qu'il me recommandait sa fille, ainsi que l'Abbesse de Fontevrauld dont la conscience avait été surprise par les artifices du Cardinal de Loménie. Vous pensez bien que son affliction ne pouvait être adoucie par la conduite de son gendre ni par celle de son petit-fils? Quand l'heure de sa mort allait sonner, je pensai que ce serait pour lui celle de la délivrance, et je vous assure que j'eus le courage et la charité de m'en réjouir. Je lui répondis seulement deux ou trois lignes au crayon. — Ne m'attendez pas, Monseigneur, vous souffririez trop; je ne tarderai pas à vous rejoindre; la foi me soutient; je dompte mes larmes. Adieu, mon ami, c'est-à-dire à Dieu.

M. le Duc de Penthièvre est mort un mois avant le décret de la Convention qui ordonnait d'emprisonner tous les princes français et d'apposer le séquestre sur leurs biens. Son corps est dans le même caveau de l'église de Saint-Étienne de Dreux, où j'avais l'habitude de m'arrêter................ Je ne vous en dirai pas davantage à l'occasion de cette mort, où l'excès des inquiétudes et des prévisions funestes me faisait puiser une sorte de consolation. Aucune langue ne saurait peindre les sentimens qui se combattaient dans mon cœur, et je n'aurai pas la témérité de chercher à les exprimer. Quand on est devenue si vieille et qu'on sent que les larmes vous gagnent, il faut abattre son voile et pleurer sous son voile (1).

(1) Louis-Jean-Marie de Bourbon, Duc de Penthièvre, d'Aumale, de Damville, de Rambouillet et de Châteauvillain, Souverain Prince de Dombes, et Comte et Pair d'Eu, Prince d'Anet et Marquis d'Arc en Barrois, Comte de Vexin, de Dreux, de Vernon, de Lamballe et de Guingamp, Prince

En exécution de ce que m'avait recommandé M. de Penthièvre, j'écrivis à Mme de Fontevrauld (1), et je lui fis porter ma lettre par Dupont qui fut en recherche environ pendant six semaines avant de pouvoir la trouver. Ce qu'il me rapporta de sa triste position me fendit l'âme. On n'avait tenu aucun compte du testament de feu M. de Penthièvre dont tous les biens étaient séquestrés. Mme la Duchesse d'Orléans, dont on avait saisi tous les meubles (et jusqu'à son linge de corps), avait été se réfugier auprès de sa pauvre tante, et Dupont les trouva logées dans un misérable appartement d'une vilaine maison située dans la petite rue Saint-Antoine. Mme D'Orléans-Penthièvre, car elle n'a jamais voulu s'appeler citoyenne Égalité, venait d'y revenir en fiacre. Cette grande héritière et cette puissante Abbesse n'avaient pour les servir qu'une ancienne tourière de Fontevrauld, et leur dîner consista dans un mauvais pâté de 15 sous qu'elles mangèrent avec des fourchettes de fer. Mon pauvre Dupont ne cessait d'en parler.

Je suis obligée de vous dire que cette bonne reli-

---

légitime du sang Royal, Grand Amiral, Grand Veneur, et trois fois l'air de France. Il est mort en son château de Vernon le 4 mars 1793, étant veuf de Marie-Thérèse d'Est, fille de François IV, Duc de Modène, et de Charlotte-Aglaé d'Orléans. *Note de l'Auteur.*)

(1) Julie-Sophie-Charlotte de Pardaillan de Montespan d'Antin d'Épernon, Abbesse de l'insigne église royale de Fontevrauld, chef d'ordre, née à Versailles le 2 octobre 1725, et morte à Paris le 21 novembre 1799. Elle était cousine-germaine de M. le Duc de Penthièvre. (*Note de l'Auteur.*)

gieuse avait eu la faiblesse de prêter serment à la constitution civile du clergé, en vertu de laquelle on l'avait dépossédée de son Abbaye (qui lui rapportait soixante mille écus de rente); mais le Duc d'Orléans l'avait fait circonvenir par de telles manœuvres, qu'il était impossible de la blâmer. Imaginez qu'il avait fait intercepter toutes les lettres qu'on lui adressait à Fontevrauld, et qu'il avait fait contrefaire un bref du Pape, à dessein de la tromper mieux. MM. de Loménie et de Talleyrand s'étaient promis un beau résultat de ce scandale, attendu l'importance et la richesse de la congrégation de Fontevrauld, enfin le Cardinal de Loménie avait fait le voyage de Touraine uniquement pour y séduire et tromper cette innocente fille. Isolée, déçue, obsédée comme elle l'avait été par ces trois hommes de fraude, il n'est pas étonnant qu'elle eût ignoré la vérité sur le serment qu'ils avaient voulu lui faire prêter; aussi, M. de Penthièvre et moi n'avons jamais eu le courage de lui reprocher cette malheureuse illusion, dont elle a gémi pendant sept ans. Mme de Fontevrauld m'envoya deux jours après sa rétractation que je fis parvenir à l'Abbé de Dampierre. Vous verrez dans la copie que j'en ai gardée comme elle est humblement édifiante, et vous devez penser que ce fut une grande consolation pour nous. Voici le moment de vous parler d'une honnête personne à qui sa conscience ne disait pas grand chose.

Charlotte de Corday était une jeune fille de condition qui avait toujours eu la tête ardente, et qui s'était détraqué la cervelle en lisant l'histoire Grecque et Romaine. Après avoir lu quelques numéros de l'*Ami du peuple*, dont les plus forcenés jacobins ne parlaient qu'avec mépris, elle imagina de s'en venir de chez elle à Paris pour y poignarder Marat, ce qu'elle exécuta le plus résolument du monde, et tandis qu'il était dans sa baignoire. Le ciel me préserve de l'admirer et de l'approuver.... (1).

Comme elle ne connaissait rien de ce qui se passait à Paris que par les journaux, elle avait supposé, dans son village de Saint-Saturnin, que Marat ne pouvait manquer d'exercer une grande influence politique à Paris, tandis que c'était une bête féroce, un aboyeur hydrophobe, un cannibale en démence, qui ne pouvait être compté parmi les chefs d'aucun parti; et voilà ce qui fit dire à Monsieur le Régent que le coup avait été bien appliqué, mais très mal adressé. Ce que je pardonne le moins à cette demoiselle, c'est d'avoir été la cause de la plus risquable et la plus pénible contrariété que j'aie de ma vie soufferte, et voici l'aventure.

On avait déifié Marat, dont on avait résolu de transporter le cadavre au Panthéon; mais, pour ne pas exposer son ignoble face à la dérision publique, attendu qu'il avait toujours été d'une laideur infâme, et parce qu'on n'avait jamais pu lui fermer les yeux qu'il avait toujours eu louches et qui s'étaient retournés horriblement, on n'avait pu venir à bout, non plus, de lui fermer la mâchoire, ce que le docteur Séguret, notre comprisonnier,

---

(1) Marie-Anne-Charlotte de Corday d'Armans, née à Saint Saturnin, diocèse de Seez, en Normandie, morte à Paris en 1793, âgée de 24 ans.

ne comprenait pas, et ce qui tenait sans doute à ce qu'on avait négligé de s'y prendre à temps. Imaginez donc qu'on avait pris le parti de lui couper la langue afin qu'elle ne lui sortît pas de la bouche ; mais le peintre David avait eu beau faire, on ne put jamais accommoder cette figure de Marat de manière à ce qu'elle ne fût pas une chose hideuse, et ceci fit prendre la détermination de n'en rien montrer du tout.

On avait recouvert d'un pavillon tricolore une baignoire de porphyre qu'on avait fait enlever des salles du Louvre, et dans laquelle on avait placé le corps de Marat pour le conduire au Panthéon ; il en sortait par-dessous le drap tricolore, qui était relevé de côté, comme en draperie, il en sortait un avant-bras droit dont la main tenait une plume de fer ; et comme il y eut des gens qu'on avait apostés pour aller baiser cette main morte et cette plume allégorique qui étaient censées devoir être celles de l'*Ami du peuple*, il en résulta je ne sais quelle dislocation qui fit tomber tout cet appareil d'avant-bras mort et de fils d'archal sur le milieu du parvis Sainte-Geneviève, et l'on vit par là que ce membre avait été fourni par un autre cadavre que celui de Marat. Les journaux de Paris n'osèrent en rien dire ; mais ne soyez pas étonné de me trouver si bien apprise, et sachez que le peintre David avait décidé que presque tous les détenus qui se trouvaient dans les seize prisons du faubourg de l'Abbaye, devaient être alignés sur la place du Panthéon français, à l'effet d'y figurer en forme d'attribut ou décoration pour l'apothéose de Marat.

Comme je me portais bien, je ne voulus pas abandonner cette pauvre Duchesse de Fleury qu'on avait appointée pour faire partie de cet affreux cortége et qui pouvait à peine se soutenir. Nous avions vu passer la baignoire, et personne ne nous avait insultées, si ce n'est en paroles : encore en étions-nous quittes à si bon marché que nous n'en revenions pas de surprise et de satisfaction ; mais nous n'étions pas à la fin de nos peines, et je vous dirai qu'on nous ramena par le jardin du Luxembourg, où l'on rendait un culte religieux au cœur de Marat, ce qui devenait bien autrement inquiétant pour nous que de voir passer une charogne dans une baignoire.

Je m'aperçus qu'on avait l'intention de nous faire participer à cette dégoûtante idolâtrie, par cette raison qu'au lieu de nous reconduire tout droit de la grillle de la rue d'Enfer à la grille de la rue de Vaugirard, au travers du parterre, ce qui était notre droit chemin pour retourner à la rue Notre-Dame-des-Champs, qui s'appelait alors rue de *Lucrèce-Vengée*, on nous avait conduits par la terrasse du château, sur laquelle on voyait une espèce de reposoir avec des étendards nationaux, des bustes de plâtre et des guirlandes obligées en torsades de chêne avec force glands et des rubans tricolores à profusion. Le cœur de Marat s'y trouvait sur un autel civique, enfermé dans un précieux vase d'agate qui provenait du garde-meuble de la couronne, où le peintre David avait choisi tout ce qu'il avait pu trouver de plus beau. — « O cœur de Marat !
« cœur sacré, viscère adorable ! s'écriait un pon-

« tife en houpelande de serge rouge, n'as-tu pas
« autant droit aux hommages religieux des Français
« affranchis, que le cœur de Jésus en avait jadis à
« l'adoration des fanatiques et stupides Nazaréens !
« Les travaux ou les bienfaits du fils de Marie peu-
« vent-ils être comparés à ceux de l'Ami du peuple,
« et ses apôtres aux Jacobins de notre sainte Mon-
« tagne, les Pharisiens aux aristocrates et les pu-
« blicains aux financiers ? Leur Jésus n'était qu'un
« faux prophète, et Marat est un Dieu ! Vive le
« cœur de Marat ! O Marat ! mais, que dis-je ? il
« est devenu froide poussière, Marat ! Marat ! » Et puis c'étaient des hymnes républicaines à grand orchestre !..... (1)

— Ma chère Marquise, me dit votre tante de Fleury, nous voici parvenues à notre dernier moment ; mais j'ose espérer que le bon Dieu va nous accorder la grâce de nous laisser martyriser plutôt que de manquer à ses saintes lois !.........

— Parlez-moi plus bas, Duchesse, ou ne m'appelez pas Marquise ; je ne sais quel rôle on peut nous destiner dans cette exécrable parade, mais je défie bien qu'on me fasse faire chorus avec ces

(1) « Marat, du peuple le vengeur,
 « De nos droits la ferme colonne,
 « De l'égalité défenseur,
 « Ta mort a fait couler nos pleurs,
 « Des vertus reçois la couronne ;
 « Ton temple sera dans nos cœurs !
 « Mourir pour la patrie,
 « Mourir pour la patrie,
« C'est le sort le plus beau, le plus digne d'envie ! »

chiens enragés et ces louves, et je sais bien que je vais me faire assommer plutôt que de m'agenouiller, ou tout autre chose à l'avenant; je vous en réponds!......

La Providence n'agréa pas mon sacrifice; la Duchesse de Fleury tomba par terre et s'évanouit par excès de fatigue et d'émotion; tous nos prisonniers vinrent s'empresser autour d'elle en rendant grâce à Dieu de cet évanouissement qui nous tirait d'embarras, et nous restâmes accroupis sur le sable jusqu'à la fin de la cérémonie qui finit par une libation bachique en l'honneur de l'Ami du peuple. Il en arriva jusqu'à M*me* d'Hinnisdaël un petit coup *de sacré nom républicain* qui lui fit tous les biens du monde et qui lui parut un excellent digestif. Elle avait acheté tout le long du chemin et mangé toute la journée de ces abominables gâteaux qu'on appelle des *chaussons*, et ce qu'il y avait de plus surprenant dans sa gourmandise, était d'y mettre une sorte de gloriole, ce qui faisait dire au jeune Chénier qu'elle tenait également de l'autruche et de la dinde. Hélas, mon Dieu! je me rappelle qu'ils sont partis sur la même charrette et qu'ils ont péri sur le même échafaud. J'en ai comme un regret d'avoir écrit ces moqueries.

M*lle* de Corday fut interrogée, condamnée, décapitée quelques jours après, sans avoir laissé paraître aucun sentiment de regret ni de faiblesse, mais heureusement que l'abbé Emmery, ce *calotin*, protégé de l'accusateur public, se trouvait encore à la conciergerie, et je vois dans notre bulletin du 19 juillet, que M. E. avait accueilli le repentir de C. C. en lui conférant l'absolution, dans la soirée du mardi précédent, qui était le 16 et qui fut la veille de sa mort.

On a dit que sa tête, à laquelle un valet de bourreau avait eu l'outrageuse infamie d'appliquer un soufflet en la montrant au public, avait eu l'air de se ranimer et qu'elle avait jeté sur lui des regards de colère et d'indignation.

Le Docteur Séguret, ancien professeur d'anatomie, très habile et consciencieux personnage, ainsi qu'il est prouvé par sa conduite à Marseille, aussi bien que dans notre prison, le Docteur Séguret nous assura que la chose était possible. Il nous dit qu'il avait été chargé de faire des expériences sur les effets de la guillotine : qu'il s'était fait livrer les restes de plusieurs criminels immédiatement après leur supplice, et qu'il en avait constaté les résultats suivans.

Deux têtes ayant été exposées aux rayons du soleil, les paupières qu'on avait soulevées se refermèrent avec une vivacité brusque et toute la face en avait pris une expression de souffrance. Une de ces têtes avait la bouche ouverte et la langue en sortait; un élève en chirurgie s'avisa de la piquer avec la pointe d'une lancette, elle se retira, et tous les traits du visage indiquèrent une sensation douloureuse. Un autre guillotiné, qui était un assassin nommé Térier, fut soumis à des expériences analogues, et plus d'un quart d'heure après sa décollation, si ce n'est sa mort, la tête séparée du tronc tournait encore les yeux du côté par où on l'appelait (1).

(1) *Voyez* le mémoire du savant M. Julia de Fontanelle,

Le Père Guillou m'a dit qu'il avait su directement par le vieux Sanson, avec lequel il avait tous les ans des rapports de conscience, que la tête d'un conventionnel et prêtre jureur, appelé Gardien, avait mordu (dans le même sac de peau), la tête d'un autre girondin, nommé Lacaze, et que c'était avec tant de force et d'acharnement qu'il fut impossible de les séparer.

Le Docteur Sue m'a dit que la sensibilité pouvait durer plus de vingt minutes (après la décollation) dans les différentes parties de la tête. M. Séguret et M. Sue considéraient comme très funeste à l'humanité cette opinion qu'on voulait accréditer, par hypocrisie d'abord, ensuite par un calcul de célérité pour les exécutions révolutionnaires, en soutenant que le supplice de la guillotine était purement instantané. — Il est si peu douloureux, avait dit M. Guillotin, qu'on n'en saurait que dire si on ne s'attendait pas à mourir, et qu'on croirait n'avoir senti qu'une *légère fraîcheur* (1).

— La guillotine est un des genres de mort les plus horribles et les plus inhumains qu'on ait jamais inventés, me disait le Docteur Séguret (à l'oreille, afin de ne pas effrayer les faibles). Les douleurs qui suivent la décapitation sont épouvantables, et je crois fermement qu'elles se perpétuent jusqu'à l'extinc-

---

intitulé : *Recherches médico-légales sur la douleur après la décollation.* Paris, 1833. (*Note de l'Éditeur.*)

(1) Joseph-Ignace Guillotin, député à l'Assemblée nationale, né en 1758, mort à Paris en 1814. (*Note de l'Éditeur.*)

tion de la chaleur vitale. Cette invention philantropique est d'une exécution facile, elle est expéditive, elle est profitable à la république française, et sur toute chose, elle est favorable à la commodité du bourreau, mais il ne faut pas nous dire qu'elle soit avantageuse ou favorable aux condamnés, car il est prouvé que la strangulation ne saurait être aussi douloureuse.

Les médecins philosophes et les gouvernans qui se disent populaires auront beau nous faire des phrases, pendant que je ne les verrai pas conseiller et adopter l'administration de la peine de mort au moyen d'une savante et douce potion somnifère, je ne croirai jamais à la réalité de leurs intentions philantropiques.

Si je ne vous parle pas souvent de l'héroïque Vendée, c'est parce que notre congrégation royaliste (dite de la Régence) n'avait pu trouver aucun moyen de correspondre habituellement ni sûrement avec les chefs de l'armée royale; et c'est parce que nous n'en recevions la plupart du temps aucune autre information que par les journaux républicains, qui ne disaient certainement pas la vérité. N'oubliez pas, je vous le répète encore une fois, que je vous raconte l'histoire d'une femme, et que je n'ai jamais ni médité ni promis de vous faire une histoire de la révolution. Je vais me borner à vous présenter un aperçu de la législation révolutionnaire.

Sur la proposition du député Cambacérès, à qui l'initiative a toujours appartenu pour la poursuite et la rédaction des lois les plus oppressives, la Convention nationale avait décrété la peine de mort à l'égard de tous ceux qui correspondraient avec un émigré, qui donneraient asile à un prêtre *réfractaire*, ou qui dissimuleraient une partie de leur fortune, à dessein de ne pas contribuer équitablement à la taxe imposée pour soulager les *indigens* (il n'était plus question de *pauvres*; c'est un mot qui sentait le fanatisme et puait l'aristocratie).

En exécution de la loi du 23 août proposée par Barrère, on avait décidé que tous les Français devaient être en état de réquisition permanente, attendu que la nation française était dans l'obligation de se lever en masse pour défendre la Convention. Les citoyens non mariés ou restés veufs sans enfans depuis l'âge de dix-huit ans jusqu'à vingt-cinq devaient marcher les premiers, et l'on appellerait tous les individus plus âgés, successivement, et suivant les besoins de la république. Il y avait des fabriques d'armes établies dans presque toutes les églises de France. Toutes les terres avaient été frappées d'énormes contributions en nature, à dessein de former des approvisionnemens pour une armée de douze cent mille *volontaires*. Tandis que les jeunes citoyens iraient à la rencontre de l'ennemi, les hommes mariés devaient charroyer les subsistances et forger les armes; les femmes se réuniraient pour fabriquer des gibernes et des chaussures, ou serviraient dans les hôpitaux, et les enfans s'amuseraient à faire de la charpie; enfin les vieillards auraient soin de se tenir dans les places publiques et d'y haranguer leurs concitoyens pour enflammer les courages et pour exciter la haine des rois. L'emploi qu'on assignait aux vieilles femmes était de *célébrer l'indivisibilité de la république.* Tout ceci n'était pas d'une observation également facile, mais ce qui suit fut exécuté ponctuellement.

Tous les édifices publics qui n'étaient pas convertis en prisons, devinrent des casernes, et toutes les places publiques furent transformées en ateliers. Toutes les caves avaient été vidées, fouillées et grattées pour en extraire du salpêtre, et la réquisition des chevaux fut si rigoureusement poursuivie qu'il n'en restait dans tout Paris, disait-on, que deux cent soixante et dix. Danton avait proposé de faire dévaster la France en cas d'invasion : « Si les sa-
« tellites des tyrans mettaient notre liberté en dan-
« ger, avait dit cet énergumène, surpassons-les en
« audace ! Nous dévasterons, nous détruirons plu-
« tôt le sol français. Avant qu'ils ne puissent le
« parcourir, le terrain manquera sous leurs pieds,
« et les riches seront les premières victimes de la
« fureur populaire ! »

Je ne chercherai pas à dénigrer la bravoure et ce qu'il est convenu d'appeler la gloire des volontaires et des réquisitionnaires qui formaient originellement les armées de la république, mais relativement à leurs premiers succès, prenez garde à l'observation suivante.

On parle continuellement de la perfidie et de l'immoralité du gouvernement anglais, ce qui n'est certainement pas sans raison ; mais il est à savoir que le gouvernement prussien s'est conduit à l'égard du Roi Louis XVI avec une perversité beaucoup plus noire et plus basse que tout ce qu'on avait connu jusque là. La présence de l'armée prussienne en Champagne ne contrarierait pas infiniment les membres de la commune de Paris, parce qu'elle exaspérait les Jacobins frénétiques et qu'on s'en était servi pour déterminer et justifier les massacres des prisons. Cependant la commune avait eu des momens d'inquiétude, et je ne saurais douter qu'elle ait envoyé proposer vingt-cinq millions qui furent acceptés par la Prusse ; d'où vient que c'est le gouvernement prussien qui a profité du carnage et du pillage de Paris. La commune s'était engagée à payer à la Prusse un subside de deux millions par mois, pour obtenir sa neutralité. *Le traité subsiste*, et même une partie des meneurs avait eu l'envie de faire élire le Duc de Brunswyck pour Roi de France, au lieu du Duc d'Orléans. Ce n'était pas la première fois qu'une idée pareille avait fermenté dans les cerveaux révolutionnaires, et nous avons des papiers de l'Amiral de Coligny où l'on aperçoit les traces d'un projet semblable en faveur d'un autre Duc de Brunswyck. Si le Roi de Prusse a repris les armes contre la France, ce fut parce que les républicains ne purent ou ne voulurent pas remplir les conditions pécuniaires qu'ils avaient stipulées, et je vous assure que toutes ces manœuvres de la Prusse, en 1792, ont été d'une infamie sans pareille. Mais revenons à notre législation de 93 et 94.

La Convention nationale avait décrété que les parens des réquisitionnaires, appelés aujourd'hui des conscrits, étaient responsables de leur bonne conduite à l'armée républicaine, et s'ils ne rejoignaient pas les drapeaux, c'était à leurs parens qu'on s'en prenait; à défaut de parens, c'était à leurs parrains et leurs marraines. Cette assemblée législative avait également ordonné la vente des biens de tous les émigrés et de tous les condamnés. Elle avait déclaré *traîtres à la patrie* tous ceux qui placeraient ou conserveraient des fonds sur les banques étrangères, ou dans un comptoir de banquier en Angleterre, en Autriche, etc. Enfin, toutes les propriétés des personnes qui avaient été ou qui seraient mises *hors la loi*, devaient appartenir à la république, et l'intention d'un pareil décret n'était pas difficile à saisir: En exécution de la *loi des suspects*, on pouvait être incarcéré sur *toute dénonciation* qui serait provenue d'un citoyen porteur d'une attestation de civisme, et si tous les incarcérés n'ont pas été suppliciés, c'est assurément parce que les tribunaux révolutionnaires et la guillotine (en permanence) n'y suffisaient pas.

L'accaparement devait être puni de mort. Étaient considérés comme *accapareurs* tous ceux qui tenaient en réserve des comestibles ou des marchandises de *première nécessité*, tels que les grains, le vin, le pain, les viandes, les fruits, les légumes, le beurre, l'eau-de-vie, le miel et le sucre (les confitures exceptées, pourtant), et puis le fer, le savon, le bois, les cuirs, les bonnets, les souliers et les sabots, les draps, la toile et généralement toutes les étoffes, ainsi que les matières qui peuvent servir à leur fabrication; mais c'était sans y comprendre les soieries ni les soies brutes, attendu que ce sont des denrées aristocratiques.

Il était prescrit d'aller faire sa déclaration concernant tous les objets qu'on pourrait avoir en provision, et ceci dans les 24 heures qui suivaient la promulgation du décret. Il était enjoint de les exposer en vente par *petits lots* et de les livrer à tout chaland, d'après la taxe du *maximum*, ce qui n'équivalait certainement pas au sixième de leur valeur. Vous supposez bien qu'il y avait des gens qui logeaient au troisième étage ou qui demeuraient dans le fond d'une cour, ainsi jugez comme il était commode et profitable pour eux d'aller tenir boutique à la porte de leur maison, pour étaler sur la rue quelque livres de riz ou quelques aunes de toile? On croit rêver quand on se rappelle un pareil régime, et toutefois on avait décrété la peine de mort contre tous ceux qui *cacheraient ou feraient de fausses déclarations!* Tous les fabricans et marchands étaient obligés d'afficher à la porte de leurs magasins ou de leurs boutiques, une pancarte où la nature et la quantité de leurs marchandises étaient spécifiées, faute de quoi faire, on les pouvait dénoncer et condamner pour accaparement. Le tiers du produit des marchandises confisquées appartenait légalement au dénonciateur, et les jugemens rendus en vertu de cette loi n'étaient pas soumis aux formalités de l'appel. Vous conviendrez que voilà des boutiquiers et des bourgeois bien récompensés pour avoir applaudi (sinon contribué) à la destruction de l'ancien régime!

Par une autre loi du 23 septembre, il était enjoint d'apporter dans les caisses nationales tous les dépôts qui auraient été faits précédemment chez les notaires et autres officiers publics.

Par un décret du 5 octobre, il est déclaré, 1° que les congrégations de filles employées pour le service des indigens et des malades sont *déchues de leurs fonctions*; 2° qu'en cas de partage d'opinions, dans les procès sur les délits contre-révolutionnaires, ce n'est pas *l'avis le plus doux* qui doit prévaloir; de sorte que si les voix des quatre juges sont partagées, on sera tenu d'en appeler un cinquième.

Le maître jardinier de l'hôtel de Biron fut terriblement compromis pour avoir laissé parvenir à floraison deux touffes de lys; et si notre bon Duperron n'avait pas été chargé du *départage*, il en aurait couru le plus grand risque (1).

(1) Les bonnes traditions de 93 ne sont pas perdues. Depuis l'heureuse et glorieuse ascension de M. le Duc d'Orléans sur le trône de juillet, on n'a pas manqué d'arroser tous les printemps, avec de l'eau-forte, environ 60 ou 80 touffes de lys qui sont restées dans les parterres des Tuileries, et c'est évidemment pour en empêcher la floraison. On ose demander au roi citoyen pourquoi il ne les a pas fait arracher comme les fleurs de lys de ses frontons et de ses balcons du Palais-Royal.

Il y a des gens, tels que M. Cadet-Gassicourt et M. Odilon Barrot, qui détestent les *Crucifères*. Il y en a qui ne sont occupés que des *Rosacées*. Il y en a qui préfèrent les *Liliacées*, et l'on nous accordera que c'est la partie la plus notable de la société d'horticulture. Tous les habitués du jardin des Tuileries s'intéressent à ces végétaux magnifiques, à ces fleurs candides; on s'en occupe, on les observe : et par une belle soirée du mois de mai, on ne manque jamais de remarquer leurs tiges verdoyantes et vigoureuses; mais voilà qu'on les retrouve le len-

Indépendamment des tribunaux révolutionnaires en permanence, la Convention avait établi une armée révolutionnaire ambulante, qui parcourait tous les départemens en y traînant une artillerie formidable avec la guillotine entourée par une légion de bourreaux enrégimentés.

« Puisque notre vertu, notre modération, nos
« idées philosophiques, ne nous ont servi de rien,
« agissons comme des brigands! » s'était écrié le représentant Thuriot; « que les comités révolution-
« naires en arrêtant un homme suspect ou une
« femme suspecte, n'aient pas besoin d'expliquer
« leurs motifs! sentons notre dignité, point de
« demi-mesure! l'homme qui combat à la face du
« monde pour une révolution qui a pour but la
« liberté, l'égalité, l'humanité, le bonheur du
« monde, veut que rien ne lui résiste! Il faut que
« cette révolution déifie tous les Français, il faut
« qu'on lise dans l'histoire *avec tendresse* les noms
« de tous ceux qui auront soutenu ce vote éner-
« gique, etc.

C'était Merlin (de Douai) qui était l'auteur de cette fameuse loi des suspects adoptée par le comité de législation, présidé par Cambacérès, et tout ce que je vous dirai de cette loi, c'est qu'elle ordonnait

---

demain matin brunies, halées et roussies comme de la friture! Il paraît que cinq à six heures de nuit suffisent à cette opération morbide. On dirait un apologue à l'usage des plantes parasites et des rejetons verreux...

On se demande si c'est une allégorie politique, un symbole d'exécution nationale ?   *(Note de l'Éditeur.)*

de mettre en arrestation les individus qui se seraient montrés, soit par leur *propre conduite,* ou soit par leurs *relations,* les partisans de la tyrannie, de l'aristocratie ou du fédéralisme; tous ceux à qui l'on aurait refusé des certificats de civisme, enfin tous les ci-devant prêtres et les ci-devant nobles, ou parens, amis, ou agens d'émigrés, qui n'auraient pas manifesté *constamment* le plus ardent amour pour la révolution : les tribunaux révolutionnaires, étant pourvus de la faculté de faire incarcérer tous les prévenus de suspicion qui auraient été acquittés par les tribunaux criminels de la juridiction ordinaire. Ce décret inique a produit l'arrestation de quatre cent soixante mille personnes, et Collot-d'Herbois avait consacré son vote au moyen des paroles suivantes à qui je trouvai beaucoup de signification. « Tout est permis à quiconque agit dans « le sens de la révolution républicaine, et quiconque « a l'air d'en dépasser le but n'y est pas encore « parvenu. »

Il y eut un décret du 21 septembre 1793, qui défendit aux galériens de porter le bonnet rouge parce qu'il était devenu l'emblème de la liberté, et qui prescrivait à toutes les femmes françaises de se *parer* de la cocarde nationale, sous peine de huit jours de prison, et en cas de récidive, d'être considérées comme *suspectes,* et incarcérées jusqu'à *la paix générale.* Je ne veux pas oublier de vous dire, qu'en vertu d'une autre loi proposée par Cambacérès, on était obligé d'afficher à la porte de chaque maison, le nom de toutes les personnes dont elle était le domicile, avec leurs prénoms *émondés* de toute dénomination *fanatique*; et qui plus est avec la date *préfixe de leur naissance et de leur âge*, ce qui désobligeait prodigieusement un grand nombre de citoyennes, et ce qui faisait du quartier d'Antin, par exemple, un foyer de dénonciations, de contestations et de poursuites judiciaires à n'en pas finir. Il y eut bonne citoyenne appelée Pérégaux, qui fut dénoncée par une de ses voisines et qui fut condamnée à 300 fr. d'amende et dix jours de détention, pour *délit de faux en écriture publique, et déclaration trompeuse*(1). Il en était de ces élégantes de comptoir et de ces philosophes de boudoir, ainsi que des boutiquiers démocrates, et je les trouvais également bien récompensées de leur engouement révolutionnaire.

Item, on était bien prévenu « que tous les pro-
« priétaires d'anciennes maisons, parcs, jardins,
« d'enclos, et généralement toutes sortes d'édifices
« où l'on aurait conservé des signes de la royauté
« ou de la ci-devant aristocratie, seraient considérés
« comme suspects, et que lesdits enclos, jardins,
« parcs, anciennes maisons, et autres édifices, se-
« raient confisqués au profit du gouvernement ré-
« publicain. » Je vous dirai précipitamment que
Mme de Mesmes avait une horreur de maison, dans la rue de la Sourdière, où l'on découvrit un restant d'armoiries sur le fronton d'une porte à l'intérieur de la cour. On partit de là pour la confisquer, ce

---

(1) C'était la mère de la maréchale Marmont, duchesse de Raguse, et de M. le Comte Pérégaux, dont le père était banquier du Comité de salut public.   (*Note de l'Éditeur.*)

qui ne fit aucune peine à la Présidente, attendu qu'on l'obligeait annuellement à payer de quinze à dix-huit cent livres d'impôt pour cette vilaine maison, qui ne lui servait à rien du tout.

Sur la proposition de cet implacable et infâme Barrère, on avait arrêté :

1° Que la veuve du tyran allait être livrée au tribunal révolutionnaire ;

2° Que la dépense de ses deux enfans allait être réduite au plus strict nécessaire ; c'est-à-dire que la cuisine du temple était supprimée, que les femmes et les valets de chambre étaient renvoyés chez eux, et que les frais occasionnés par *ces deux individus, devaient se borner à ce qui est absolument indispensable pour la nourriture et l'entretien de deux enfans.*

3° Que tous les tombeaux des ci-devant Rois et Reines qui se trouvaient, soit à St-Denis, soit dans aucun autre lieu, seraient détruits pour le 10 août.

4° Que la garnison de Mayence allait être transportée en poste dans la Vendée ; qu'il y serait envoyé, à la diligence du ministre de la guerre et sur-le-champ, des matières combustibles de toute espèce, afin d'incendier les maisons, les bois, les taillis et les genêts ; on avait déjà décidé que toutes les forêts y seraient abattues pour y détruire les repaires de ces bêtes féroces appelées royalistes ; que les récoltes y seraient coupées sur pied, **par des compagnies d'ouvriers républicains, pour être ensuite portées sur les derrières de l'armée nationale;** enfin que tous les bestiaux des Vendéens seraient saisis réquisitionnairement, et que tous les habitans de la Vendée seraient amenés prisonniers à l'intérieur du pays.

Nous savions qu'il existait dans les cervelles et les cartons du comité de sûreté générale un autre projet fiévreux qui n'était pas moins révolutionnaire, et qui s'appliquait aux propriétés confisquées sur les condamnés, les proscrits et les suspects; et si le règne de la terreur s'était prolongé quelques mois encore, je ne doute pas que ce beau projet n'eût été mis à exécution. Celui-ci consistait à démolir tous les châteaux ainsi que toutes les églises cathédrales, à raser de fond en comble toutes les habitations ci-devant royales, et à diviser en lots de cent arpens toutes les forêts de la couronne et les nôtres aussi, bien entendu. Tous les matériaux provenant de la démolition des Tuileries, du Louvre, de Notre-Dame et du Luxembourg, ainsi que de Versailles, St-Cloud, St-Germain, Meudon, Vincennes, Fontainebleau, Chambord, Compiègne, etc., devaient être partagés entre les sans-culottes du district, avec six arpens de terre par individu, à la charge de se construire *un asile* et de prendre femme, ou d'adopter un enfant, ou de se charger d'un vieillard, *ad libitum*. Toutes les familles sans fortune et dont les vertus civiques étaient connues, devaient avoir part à cette distribution. Il était convenu qu'on allait faire construire un grand nombre de villages dans les forêts royales et autres, afin d'y découvrir le sol à grande distance, et pour qu'il ne s'y trouvât plus que des massifs de bois de cent ar-

pens, tout au plus. Le comité de salut public avait
adopté cette proposition qui provenait originellement des frères Roberspierre ; on l'enregistra afin
d'en régulariser l'adoption légale, et les citoyens
Laloy, Fourcroy, Cochon et Thuriot, qui la sous-
crivirent, avaient eu soin d'y mettre pour *considérant* que, « la République française honorait la
« loyauté, le courage, la vieillesse, la piété filiale,
« le malheur, et que les comités de salut public et
« de sûreté générale remettaient l'exécution de cette
« proposition véritablement patriotique sous la
« sauve-garde de toutes les vertus. »

Le proconsul Fouché, ancien janséniste et père
de l'Oratoire, était bien autrement éloquent que
tous ces illétrés, et voici de sa prose à l'occasion
des massacres et des démolitions de Commune-Affranchie ; je vous recommande particulièrement
cette proclamation de l'oratorien Fouché.

« Ci-devant Lyonnais, on veut effrayer vos ima-
« ginations de quelques décombres, de quelques
« cadavres, qui ne se trouvaient plus dans l'ordre
« de la nature, et qui vont y rentrer par la destruc-
« tion. On veut embraser l'esprit public à la flamme
« de quelques maisons incendiées, de peur qu'il ne
« s'allume au feu de la liberté. Républicains ! quel-
« ques ruines anticipées sur le temps, et quelques
« destructions individuelles ne doivent pas même
« être aperçues dans une révolution où l'on ne doit
« voir que l'affranchissement du genre humain.
« De faibles rayons s'éclipsent devant l'astre du
« jour ! La République ne saurait être assise que sur
« des débris N'est-ce pas avec des ruines, avec les

« destructions des édifices de l'orgueil et de la su-
« perstition, que nous devons élever aux amis de
« l'égalité, aux braves guerriers mutilés dans les
« combats, d'humbles demeures pour le repos de
« leur vieillesse ou de leur malheur? N'est-ce pas
« sur les cendres des ennemis du peuple qu'il faut
« rétablir l'harmonie sociale, la paix et la félicité
« publique? Le peuple nous a remis entre les mains
« le tonnerre de sa vengeance; nous ne le dépose-
« rons pas, sinon lorsque tous ses ennemis seront
« foudroyés. Nous aurons le courage énergique de
« traverser des files de tombeaux et de marcher sur
« de vastes ruines, pour arriver au bonheur des
« nations et à la régénération du monde. On ose
« nous peindre comme des hommes avides de sang
« et de destruction, mais quelques efforts qu'on
« fasse, nous demeurons inexorables, impassibles!
« La partie méridionale de la république est rongée
« par un poison destructeur, il faut en former la
« foudre de la justice, pour écraser nos ennemis,
« et que leurs cadavres ensanglantés, précipités
« dans le Rhône, offrent sur les deux rives, à son
« embouchure et sous les murailles de l'infâme Tou-
« lon, aux yeux des lâches et féroces Anglais,
« l'expression de l'épouvante et l'image de la toute-
« puissance du peuple français?.... Je ne sais par
« quelle imbécile complaisance on laisse encore des
« métaux entre les mains des personnes suspectes?
« Avilissons l'or et l'argent! Traînons dans le sang
« et la boue ces dieux de la monarchie. Il faut
« qu'il n'existe plus ni pauvre ni riche,.... que la
« foudre éclate par humanité! Je le répète, ayons

« le courage de marcher sur des cadavres, pour
« arriver à la liberté des peuples. » Mais en voilà
sûrement plus qu'il ne vous en faut, et vous voyez
que l'éloquence laconienne de Fouché (de Nantes)
n'avait rien de laconique.

La Convention nationale avait supprimé non seulement les institutions, mais toutes les appellations qui pouvaient rappeler, disait Cambacérès, *une idée de l'ancien régime;* ainsi voyez tout ce qu'il y avait à démolir, et représentez-vous, si vous pouvez, quel amas de décombres il y avait autour de nous.

Depuis que les conventionnels avaient décrété que la religion catholique était remplacée par le culte de la Raison, *sublime Déesse, à qui la ci-devant église de Notre-Dame était particulièrement affectée*, il était interdit d'employer le mot Saint, même dans les noms de famille, où la particule *de* se trouvait dans le même état de proscription. Tout le monde a su quel embarras avait été celui de M. de Saint-Denis, qu'on interrogeait à la section de Guillaume Tell : — Je m'appelle Saint..... — Il n'y a plus de *saint !* — Alors je me nommerai De... — Il n'y a plus de *de !* — Mais pour lors je m'appellerai Nis, si vous ne voulez pas m'en laisser davantage?..... Chacun a su l'histoire de cette Baronne de Boisfeuvrillé, qui était une vieille bretonne, et que le comité révolutionnaire de son district nous avait expédiée sous le nom de Maclovie Bahuno, veuve Bois-Pluviose ; ce qui lui sauva la vie, parce qu'elle ne voulut jamais répondre à ce nom-là. Quand on venait l'appeler pour aller au tribunal, elle avait l'air de n'y rien comprendre, et comme personne ne la trahissait, les commissaires en perdirent la trace, au bout de deux ou trois mois. Notre concierge avait bien voulu barbouiller son registre au numéro d'inscription de cette bonne Dame, et je n'ai jamais vu d'entêtement breton si bien conditionné, ni si bien récompensé. J'ai toujours estimé les entêtés et les Bretons.

Après la déclaration favorable à l'existence de l'Être Suprême, il m'a toujours semblé que la plus absurde et la plus extravagante opération des terroristes avait été la publication de leur calendrier républicain. Leur année commença dans le mois de septembre auquel ils avaient donné le nom de Vendémiaire; ensuite arrivait Brumaire (ainsi nommé, disait l'almanach, à cause de ces brumes basses qui sont la *transudation* de la nature) et puis Frimaire, avec une engelure au nez; vilain mois, qui précéda tristement les pénibles mois de Nivose, Pluviose et Ventose. Ceux-ci furent suivis de l'innocent Germinal, de l'agréable Floréal et de Prairial le rustique. Aimable trio, vêtu d'un blanc virginal et couronné de végétaux champêtres. Enfin, comme le temps marche toujours, en dépit des folies humaines, les trois mois de la belle saison se présentèrent à nous sous les superbes noms de Messidor, de Thermidor et de Fructidor. Figurez-vous, si vous voulez, que Thermidor était resplendissant comme un Phœbus, et que Fructidor était coloré comme une orange.

Le mois de pluviôse était dédié à la mort des tyrans et à la pudeur. Celui de ventôse était consacré particulièrement à la frugalité courageuse floréal à la foi conjugale, et quant aux autres consécrations des mois républicains, je ne m'en souviens plus. Je vous dirai seulement que les cinq ou six jours complémentaires et nommés *sanculotides* étaient destinés à fêter les Vertus, le Génie, le Travail, l'Opinion, les Récompenses et la Franciade, qui tombait en l'année 1794 un Sextidi. Je n'en ai pas su davantage à l'égard de la Franciade, et je n'ai trouvé personne qui m'ait pu dire quelle était cette Récompense nationale ou cette Vertu républicaine. Chacun de ces douze mois composés de trente jours étaient divisés par trois décades, et vous allez voir quels étaient les saints et les patrons du nouveau calendrier.

Pour vous en donner une idée, c'est bien assez d'avoir fait copier ce qui suit dans l'ANNUAIRE NATIONAL DE L'AN TROISIÈME DE LA RÉPUBLIQUE FRANÇAISE, UNE, INDIVISIBLE, IMPÉRISSABLE ET TRIOMPHANTE ; ce qui reviendrait à l'année 1794, en dialecte grégorien, autrement dit vieux style, ou patois aristocratique.

SOUVENIRS

ÈRE RÉPUBLICAINE.

MOIS DE VENDÉMIAIRE.

Première Décade.

1 Primidi. . . . . Raisin
2 Duodi. . . . . Safran.
3 Tridi. . . . . Châtaigne.
4 Quartidi. . . . Colchique.
5 Quintidi. . . . CHEVAL.
6 Sextidi. . . . . Balsamine.
7 Septidi. . . . . Carotte.
8 Octidi. . . . . Amaranthe.
9 Nonidi. . . . . Panais.
10 Decadi. . . . . CUVE.

Je me souviens que la fête solennelle de l'OIE tomba le premier Quintidi de Brumaire, et celle de DINDON, quinze jours après, ce qui fut un grand motif de réjouissance et de festivité pour les guichetiers de notre prison, surnommée des Oiseaux : (Voyez l'esprit et la malice!) On disait dans ce temps-là que le principal opérateur de ce bel œuvre était un membre de ne je sais quelle académie, qui s'appelait M. Delaplace. (1).

(1) Bonaparte en avait fait un membre du Sénat conservateur et un Comte de son Empire ; c'était un des Sénateurs les plus génuflexibles, et grâce à M. Decazes, il est devenu Pair de France et Marquis de la Place en 1822. (*Note de l'Éditeur.*)

La proposition de Barrère n'avait pas manqué d'être adoptée par les montagnards et les autres buveurs de sang avec lesquels elle avait été concertée d'avance, et je ne saurais vous exprimer quelles furent mes angoisses et mon affliction pendant qu'on instruisait le procès de la Reine. On avait l'inhumanité de l'outrager si cruellement, que sa condamnation nous apparut comme une sorte de délivrance, ou du moins, de soulagement pour elle.

Tandis que la Reine était à la Conciergerie, nous avions eu la triste consolation de savoir de ses nouvelles à peu près tous les jours. La femme du concierge, appelé Richard, était notre intermédiaire auprès de cette princesse; et ce fut ainsi que nous eûmes connaissance d'un projet qui avait été conçu par la Marquise de Janson (1). Elle avait commencé par emprunter sept à huit cent mille livres en engageant toute sa fortune, ensuite elle alla trouver l'Abbé du Puget pour qu'il eût à nous demander de lui procurer trois ou quatre cent mille francs qui lui manquaient encore et dont son mari fournirait la caution. Comme il était question d'en acheter la délivrance de la Reine et que Mme de Janson méritait toute sorte de confiance, il ne fut pas difficile de lui procurer cette somme. Je n'avais plus à ma

---

(1) Son mari, de la maison de Forbin, doit être votre parent par Messieurs du Muy, et sa femme est une personne incomparable pour le dévouement et pour le courage. Elle est fille du Prince de Galéan qui était le parent et l'ami de mon neveu du Châtelet. (*Note de l'Auteur.*)

disposition que cent vingt-cinq mille livres, mais j'écrivis en deux mots à la Princesse de Talmont qui demeurait dans la rue du Gindre, au coin de la rue du Pot-de-Fer et qui s'appelait la citoyenne Trotin. (J'avais si bien mis ceci dans ma tête que je l'y retrouve encore). Mme de Talmont me répondit que j'aurais bien pu disposer de ses *petits pois* sans le lui dire, et que j'étais devenue ridiculement cérémonieuse : en conséquence de quoi je fis sortir cent mille écus à Mme de Talmont, de la cachette du Grand-Vicaire ; j'y fis ajouter cent mille livres de mon argent, et l'on fut avertir Mme de Janson que la somme était à ses ordres, mais qu'elle eût à s'ingénier pour la faire transporter au lieu de sa destination, car l'Abbé de Dampierre et Dupont, mon factotum, ne savaient absolument comment sortir d'un pareil embarras. Celui-ci calculait avec raison que s'il ne pouvait se faire aider pour la translation de ce monceau d'or, ce ne serait pas l'affaire d'une journée. Le volume de ces quatre cent mille livres équivalait, disait-il, à celui d'une grosse citrouille.

La Marquise de Janson me fit demander quelques jours de répit, et nous apprîmes alors en quoi consistait sa négociation, ce qui nous remplit d'attendrissement et d'admiration pour elle. Chabot, député de Loir-et-Cher et capucin défroqué, avait été pressenti sur l'exécution de ce projet, moyennant la promesse d'un million qu'il aurait mission de partager, comme il entendrait, avec le concierge Richard et deux inspecteurs des prisons, qui s'appelaient Jobert et Michonit. Mme de Janson demandait une permission pour entrer à la Conciergerie sous un prétexte d'interrogatoire ou de confrontation, enfin sous un prétexte quelconque ; elle proposait de laisser évader la Reine au moyen d'un déguisement qui serait aisément fourni par elle, attendu qu'elles changeraient d'habits : Mme de Janson prendrait sa place au cachot ; on dirait que la prisonnière avait été si parfaitement bien déguisée qu'on n'avait pu s'y reconnaître, et toutes les vengeances de la Convention se trouveraient accumulées sur Mme de Janson qui promettait de mourir sans parler, et qui du reste, avait une telle ressemblance avec la Reine qu'il était aisé de s'y méprendre. Chabot s'était laissé pratiquer ; mais la Reine y mit un refus persévérant, une résistance invincible, et cette grande Princesse ne voulut jamais accéder à la proposition de Mme de Janson ; généreuse personne, à qui je n'ai pas toujours eu la satisfaction de voir accorder la justice et l'approbation qui lui revenaient à si juste titre !

La Reine avait écrit définitivement ce qui suit, moyennant des piqûres d'aiguille sur un morceau de papier : *Je ne dois ni ne veux accepter le sacrifice de votre vie. Adieu. Adieu.*

M. A.

Chabot, qui avait reçu pour environ cent mille francs de louis d'or, et qui craignait que le secret n'en fût divulgué, s'empressa d'aller dénoncer Mme de Janson, ainsi que Michonit et Jobert qu'il accusa d'avoir entrepris de le corrompre et qui furent condamnés à mort au mois de novembre 1793;

environ quinze jours après l'exécution de la Reine. Mme de Janson trouva moyen d'aller rejoindre sa famille en émigration ; Jobert se cacha dans notre maison de la Croix-Rouge, et ce pauvre Michonit fut supplicié sur la place de la Bastille. C'était un ancien vainqueur de la Bastille, à ce que disait notre geôlier.

Marie-Antoinette Jeanne de Lorraine d'Autriche, Reine mère et douairière de France et de Navarre, était née le 2 novembre 1755. Elle a péri sur l'échafaud le 16 octobre 1793. Sa robe de veuve était en lambeaux, et la femme du geôlier de la Conciergerie lui avait fait l'aumône d'une jupe et d'une camisole de cotonnade blanche. Elle a été conduite au lieu de son exécution sur une charrette, ayant les mains attachées derrière le dos avec une corde tachée de sang. Elle avait à côté d'elle un prêtre assermenté qu'elle avait refusé d'entendre et qu'elle n'écoutait pas. Elle paraissait affaissée sous le poids de la souffrance, ses regards étaient fixes et les pommettes de ses joues étaient colorées d'une rougeur fiévreuse. Au moment où l'exécuteur (qui n'était pas le vieux Sanson) arracha violemment le mouchoir de toile qui lui recouvrait le col et la poitrine, elle en fit un mouvement d'indignation toute royale et qui parut intimider les bourreaux ; mais l'auguste victime baissa les yeux sans proférer une seule parole, et l'on a vu par le mouvement de ses lèvres qu'elle n'avait cessé de prier jusqu'à ce que sa tête ait été tranchée par le couteau.

Je ne sais comment j'ai pu trouver la force de vous rapporter ces affreux détails ? il nous ont été donnés par l'Abbé du Puget qui s'était placé sur le passage de la Reine, à l'angle de la rue Royale et de la place Louis XV, afin de l'absoudre, *in articulo mortis*, avec indulgence appliquée sur une relique de la vraie croix. On avait trouvé moyen d'en faire prévenir Sa Majesté ; mais comme on avait omis de lui dire que cet aumônier du feu Roi se placerait du côté gauche au dessous du garde-meuble, et comme cette Princesse avait le dos tourné de ce même côté (parce qu'on l'avait fait asseoir sur un banc qui était en longueur de la charrette et non pas en travers), elle avait commencé par regarder devant elle, et du côté de l'hôtel de Coislin, mais n'y reconnaissant personne, elle avait précipitamment retourné sa tête, et son visage éclata d'une sainte joie quand elle aperçut la vénérable figure de M. du Puget qui s'était fait monter sur un talus de pierres et qui lui fit voir un crucifix en lui donnant l'absolution.

Avant de sortir du régime de la Terreur, il me reste à vous parler de la condamnation de Philippe-Égalité, de la chute de Roberspierre et de la délivrance des prisonniers après le 9 thermidor ; je comptais m'en acquitter aujourd'hui, mais je ne m'en sens pas le courage. Je ne saurais penser qu'à la Reine, et je vais prier le bon Dieu pour le repos de son âme.

CHAPITRE VI.

La pleine Terreur. — Le jeune Ste-Amaranthe. — Carnage de Bicêtre. — Les chiens épaves. — Exécution nocturne et procession civique. — Le citoyen Gasparin. — La Duchesse de Valentinois et Mlle Arnoux. — La femme aux cinq maris et les cinq divorces. — Essai d'une guillotine à plusieurs tranchans. — Proposition d'incendier la Biliothèque Royale. — Mmes de Biron et de Marbœuf. — Motifs de leur condamnation. — Administration des subsistances. — Privilége des octogénaires et son peu d'utilité. — Observation sur les femmes bossues. — Loi sur l'emprunt forcé. — Décret en faveur des indigens. — Apostasie de l'Église constitutionnelle. — Identité des mêmes sacriléges en 1793 et 1850. — Saccage de Commune-affranchie. — Géographie révolutionnaire. — Les proconsuls à Lyon, Toulon, Nantes et Arras. — Quelques mots sur Joseph Lebon. — Supplice et condamnation de plusieurs enfans dans la Vendée. — Motion pour faire guillotiner tous les sexagénaires. — Encouragement pour mariner la chair et tanner la peau des suppliciés. — Fête de la Nature et de l'Hyménée (dans une prairie). — Aperçu relatif à la probité des généraux républicains. — Observations sur Bonaparte. — Le prisonnier Jacques Clément. — Sa révélation sur l'assassinat de Lepelletier-St.-Fargeau. — La Fille de la Nation. — Son mariage et son trousseau. — Les douze perruques. — André de Chénier. — Son frère Joseph. — Observation sur les régicides.

Je continue mon récit au plus fort de la Terreur, et vous allez voir que les atrocités de cette longue période ont surpassé toute portée des folies humaine:

et toute croyance. *En révolution,* disait Danton, *l'autorité doit appartenir aux plus scélérats :* voilà quels étaient le principe et la devise de cet affreux temps où j'ai eu le malheur de vivre, et que j'ai eu le bonheur de traverser sans désespoir et sans faiblesse; *in Altissimo spes mea.*

Comme il était arrivé plusieurs fois que le peuple avait témoigné de la compassion pour les condamnés, et comme on avait crié grâce en voyant passer et monter sur l'échafaud, d'une part le vieux Chevalier d'Oilly, qui était presque centenaire, et puis le petit de Sainte-Amaranthe qui n'était âgé que de quinze ans, mais qui ne paraissait pas en avoir plus de douze ou treize, on transféra la guillotine à la place de la Bastille, ensuite on la fit reculer jusque auprès de la barrière du Trône, et nous eûmes l'inquiétude de voir recommencer les massacres dans les prisons. (Nous savions, à n'en pouvoir douter, que cette *méthode expéditive* avait été l'objet de plusieurs motions au conseil de la Commune.)

Un gentilhomme de Xaintonge, appelé M. de Mey, qui avait trouvé moyen d'échapper aux exécutions de Bicêtre, et qu'on avait incarcéré sur nouveaux frais dans notre prison, nous apprit d'épouvantables choses, et ce fut notamment qu'au château de Bicêtre dont il sortait, le massacre avait duré consécutivement pendant trois jours et deux nuits. Il paraît que les fusils, les massues, les sabres et les piques de la commune ne pouvant suffire à la férocité des meurtriers, on avait eu recours à des pierriers chargés à mitraille, et qu'on s'en servit contre une foule de prisonniers qui s'étaient déterminés à ne pas sortir du grand corps de logis, et qui s'étaient barricadés au fond de la deuxième cour. On fit donc entrer dans un vestibule au rez-de-chaussée, deux ou trois pièces de canon qui furent pointées contre ce noyau de *révoltés* et qui les pulvérisèrent indistinctement. Quand je dis indistinctement, ce n'est pas sans raison, car tous les fous et toutes les folles de cet hôpital étaient du nombre. Comme on ne leur avait donné rien à manger depuis le 3 septembre, ils avaient fini par aller se déchaîner ou se déverrouiller les uns les autres ; il y en avait un certain nombre à qui la vue du carnage avait fait recouvrer l'usage de la raison, et du reste il n'était pas un de ces aliénés qui ne fût dans les réfractaires à l'égorgement. C'est un fait assez remarquable en psychologie. Rien n'était plus affreux que leur sorte d'épouvante ou d'énergie de pur instinct. Ils n'en furent pas moins mitraillés sans rémission, et Dupont m'a dit que pendant soixante et douze heures de suite, on avait charroyé tous ces cadavres mutilés, de Bicêtre aux carrières de Montrouge, dans les tombereaux de la voirie, que les chiens de Paris, qui n'étaient pas moins affamés que les fous, suivaient à la trace du sang.

Je vous dirai, puisqu'il est question de ces pauvres chiens sans domicile et sans aveu, qu'ils se rendaient pendant la nuit sur la place de Louis XV et dans les Champs-Elysées, en si grand nombre, qu'ils en prenaient l'audace de s'ameuter et d'accourir pour barrer le passage à toutes les charrettes de maraîchers dont ils mordaient les conducteurs et les chevaux comme s'ils fussent devenus enragés ou tout-à-fait sauvages. Ils avaient dévoré un invalide, et comme la police ne s'occupait de rien, sinon des prêtres réfractaires et des ci-devant nobles, les gardes nationaux de Paris se concertèrent entre eux pour en délivrer cette bonne ville ; en conséquence de quelle résolution, ils s'en vinrent cerner et traquer les Champs-Élisées pour refouler toutes ces méchantes bêtes jusque sur la place et dans la rue Royale, où ils en exterminèrent à coups de fusil plus de trois mille, y compris le citoyen Lomparrier, jacobin de notre section, qui se trouva sous le vent du feu. Mais aussi n'était-ce pas le tout, pour la sécurité de Paris, que d'avoir fusillé ces milliers de chiens, et quand il s'agit de les faire enlever pour les enterrer, ce fut un embarras sans exemple. C'était la Commune de Paris qui s'était réservé le monopole des charniers et des fossoyeurs, des tombereaux et des chariots. La Commune eut l'air de blâmer une exécution que la garde nationale avait entreprise avec un esprit d'indépendance et de martialité suspecte ; les municipaux ne voulaient pas faire enlever ces bêtes mortes, en disant que c'était le provenu d'une exécution militaire et qu'ils n'avaient à s'occuper que des choses de légalité civile ; enfin c'est un débat qui dura trois jours, et tous les habitans du quartier s'en enfuyaient comme de la peste Heureusement pour eux et pour nous, que la salle où siégeait la Convention se trouvait à la portée de ce mauvais air, et comme ce fut le représentant Gasparin qui fut investi de la confiance de l'assemblée pour opérer cette mesure de salut public, il imagina d'en faire une cérémonie patriotique, ainsi que vous allez voir. On vint mettre en réquisition tous les anciens carrosses qui se trouvaient en séquestre sous nos remises ; je n'ai pas besoin de vous dire qu'il n'a jamais été question de restituer toutes ces voitures à des aristocrates ; je ne m'en étonne et ne m'en afflige pas beaucoup, mais parmi toutes les combinaisons de salut public ou de sûreté générale enfantées par M. Gasparin, il faut convenir que celle de remplir nos carrosses de parade avec des chiens morts était le plus étrangement révolutionnaire.

On m'avait requis et confisqué deux belles voitures, et j'ai su par Dupont que c'étaient cinq à six grands carrosses de Bellevue (de Mesdames, tantes du Roi,) qui figuraient en chefs de file à ce beau cortége, avec des têtes de caniches ou des croupes et des queues de mâtins qui passaient par chaque portière. Qu'il avait de malice et d'esprit, ce Gasparin !

Si vous pouviez lire aujourd'hui tout ce que le Père-Duchesne et les autres journaux du parti de la Commune avaient imprimé d'attendrissant sur la rigueur et la cruauté d'une pareille exécution contre d'intéressans animaux qui ont toujours été l'emblême de l'affection la plus désintéressée pour les humains, comme aussi de la fidélité la plus confiante, vous diriez que c'était bien à propos de la part des septembriseurs, et surtout relativement à des bêtes endiablées, qui mangeaient le monde !

Pendant que nous en sommes aux ridiculités, je vous dirai de M%me% de Valentinois, qu'elle avait tant fait que d'obtenir la permission de sortir avec une escorte de cinq gendarmes, afin d'aller faire une visite à la citoyenne Sophie Arnoux qui fut bien étonnée de la voir chez elle, et qui lui répondit qu'elle n'avait aucune espèce de crédit sur Tallien ; elle ajouta qu'elle ne l'avait pas revu depuis qu'il était sorti de la maison de son père, c'est-à-dire de la loge du portier au petit hôtel de Lauraguais, où logeait ladite Mlle Arnoux.

— Est-il vrai qu'elle est si drôlement piquante et qu'elle a tant de vivacité d'esprit? lui demanda Mme Joseph de Monaco, sa belle-sœur.

— Mais je n'ai rien vu qui ressemble à cela, répondit l'autre : et vous pensez bien que je n'allais pas chez cette fille avec l'intention de batifoler avec elle, ou pour en écouter des gaudrioles ; et du reste c'est tout le contraire ; elle m'a produit l'effet d'être prude et pédante.

— En voilà bien d'un autre : et comment donc ça?

— Le comment donc ça? c'est qu'il y avait des marmots dans sa chambre, et qu'elle avait l'air de s'en impatienter, d'où vient que, pour lui dire n'importe quoi, je lui ai demandé si elle n'aimait pas les enfans. — Oh ! m'a-t-elle dit en minaudant avec un air délicat, je n'aime que les enfans jusqu'à un certain point : ne me parlez pas d'un garçon qui n'a pas quinze ans, on ne saurait qu'en faire?... et voyez un peu cette marque du bon jugement de la Duchesse de Valentinois.

C'est de là que cette pauvre femme est partie pour se suicider, non pas à la manière de cette héroïque et admirable sœur de Mme Campan, qui s'était cipitée par une fenêtre afin de garantir la de sa fortune à ses innocentes filles, mais ce fut en divorçant pour épouser successivement et du vivant de ces quatre ou cinq maris, le citoyen Tiran des Arcis, d'abord ; ensuite un notaire émérite appelé maître Maine ; et puis un ancien procureur au Châtelet, pour en finir par un maître clerc. C'est avoir de la prédilection pour les hommes de pratique ; mais comme elle était devenue folle à lier, je n'ai jamais compris comment ses héritiers ne l'avaient pas soumise à l'interdiction judiciaire au sortir de sa prison, ou bien pendant ces quatre à cinq viduités de quelques mois qui servaient d'intervalle à toutes ses épousailles.

Ce fut apparemment à l'imitation de cette horrible exécution de Bicêtre qu'on proposa publiquement aux jacobins de faire mitrailler quatre mille prisonniers en masse, au milieu du Champ-de-Mars, ce qui fut accueilli par les clubistes avec un sentiment d'approbation général. Ensuite, afin de suppléer à l'insuffisance de la guillotine, on fit conditionner une autre machine avec neuf tranchans qui devaient retomber ensemble. On en fit l'expérience au milieu de la cour de Bicêtre, mais l'expérience ne réussit pas.

Nous apprîmes à la fin d'août 1794, qu'on avait délibéré publiquement à la Commune de Paris sur la proposition de brûler la bibliothèque de la rue de la Loi, ci-devant Richelieu. Pour vous donner une idée de la jurisprudence révolutionnaire, je vous dirai que M. de Loiserolles (1) était détenu dans la

---

(1) Jean-Siuron d'Aveld, Chevalier, Seigneur de Loiserolles

prison de St-Lazare avec son fils âgé de 22 ans, lequel était le meilleur et le plus beau jeune homme de la terre. Je me souviens qu'en le voyant passer dans la grande allée des Tuileries, les jeunes femmes de la ville et les jeunes gens se demandaient toujours qui ce pouvait être? M. de Loiserolles entendi qu'on venait chercher son fils qui dormait et qu'on avait dénoncé comme ayant pris part à la prétendue conspiration des prisonniers, il se présente à sa place, on l'emmène au tribunal, on l'envoie à la guillotine, et l'on substitue tout uniment son âge à celui de son fils dans l'acte de condamnation. La Duchesse du Châtelet, femme de mon neveu, fut condamnée sur un acte d'accusation qui avait été dressé contre son homme d'affaire; et dans celui qui fut crié dans les rues, sur la mort de ma pauvre amie, la Marquise de Marbœuf, nous vîmes que le motif allégué contre elle était d'avoir fait semer de la luzerne, et non pas des pommes de terre ou du blé, dans les carrés de son parc aux Champs-Élysées.

Toujours est-il que les habitans de Paris ne pouvaient se procurer des vivres que sur le bon d'un *commissaire aux subsistances*, à raison d'une once de pain par jour et d'une livre de viande tous les trois jours, pour chaque individu. Encore, on ne pouvait obtenir ces distributions qu'après avoir passé quelquefois des journées ou des nuits entières à la porte d'un boulanger ou d'un boucher. A la vérité, les épouses, les mères et les filles de fonctionnaires

---

sur-Ouches, en Bourgogne, né en 1753, marié en 1769, mort en 1794. (*Note de l'Éditeur.*)

pùblics avaient le privilége d'être servies les premières ainsi que les octogénaires et les femmes enceintes ; mais il en résultait des contestations perpétuelles et souvent pis. Au mépris de leur certificat du commissaire aux subsistances, les épouses de fonctionnaires ou les octogénaires étaient continuellement acccusés d'imposture, et les femmes enceintes étaient souvent convaincues de n'être grosses que d'un oreiller. Réné Dupont qui postulait d'office à la boucherie, n'avait pas manqué d'observer que c'étaient principalement les bossues qui se mettaient des coussins ; ce qui prouve que la vanité se niche partout. Votre père assurait aussi que dans les foules ou les embarras populaires, aussitôt qu'on entend crier avec une voix aiguë : — *Prenez garde d'écraser une mère de famille!* on n'a qu'à se retourner, et l'on voit toujours que c'est une bossue qui n'est pas restée célibataire et qui s'en pavane. Il est à savoir aussi que ces mal-bâties cherchent toujours à persuader que leur épouseur est le plus passionné des humains!...

Ce qui fait que je déteste assez généralement les bossues, c'est qu'elles ont presque toujours des intentions d'élégance ou des imaginations de galanterie ; et ceci, du reste, n'a guère de rapport avec les décrets du *salaire civique* et de *l'emprunt forcé.*

La Convention nationale avait donc établi cet emprunt forcé d'un milliard de livres tournois, et c'était le cas de nous dire : excusez du peu! mais c'était un impôt qui devait peser uniquement sur *les riches,* et voici les principales dispositions de ce beau décret.

Toutes les propriétés possibles s'en trouvaient passibles (avec progression), et tout ce qu'on vous laissait pour vivre, eussiez-vous un million de rente, était une somme de mille francs par individu composant la famille du propriétaire de ce revenu. Au-delà de neuf individus (ce qui rassemblait dans une seule maison, la prodigieuse somme de neuf mille livres de rente), on vous prenait légalement quatre mille cinq cents francs d'imposition sur ces neuf mille livres, et l'on vous obligeait à prêter au gouvernement républicain la totalité de ce qui vous restait.

Imaginez la satisfaction des banquiers, des capitalistes patriotes, et des autres marchands d'écus, dont les commissaires allaient éplucher les registres, afin d'établir la quote-part de leur imposition.

En correspondance avec cette mesure fiscale, il fut décrété que tous les indigens de Paris recevraient quarante sous par jour, afin qu'ils pussent disposer de leur temps pour assister aux séances des clubs, ainsi qu'aux assemblées de leurs sections. Vous pensez bien si la commune de 93 avait ses raisons pour organiser une pareille légion de Sans-culottes et de Va-nus-pieds qui fussent maintenus à ses gages et perpétués à ses ordres? il y eut encore un autre décret pour accorder aux jurés du tribunal révolutionnaire une indemnité de dix-huit francs par jour, sans compter une chopine d'eau-de-vie qu'on devait leur fournir au tribunal, et sans parler des autres frais de buvette gratuite.

L'abjuration de la foi catholique, et même du christianisme, avait eu lieu dans la salle de la Convention par le clergé de l'Église constitutionnelle, ayant à sa tête un intrus, nommé Gobel, évêque du département de la Seine et l'intime ami du citoyen Talleyrand. Il en fut ainsi de plusieurs ministres de la religion prétendue-réformée, et notamment d'un fameux prédicant du consistoire de Toulouse, appelé Julien. Celui-ci ne pouvait apostasier que son christianisme au petit-pied, ce qui va sans dire : — Hélas, mon Dieu ! pour ce peu qu'il en restait à sacrifier par un calviniste, à la réformation de 1793, ce n'était pas la peine d'en rien dire.

Ce fut ce jour même où les pensionnaires à quarante sous s'en allèrent piller tout ce qui restait dans les sacristies. On les vit trimballer et cahotter sur les pavés et dans les ruisseaux de Paris, des crucifix, des ostensoirs et des calices attachés par des cordes à la queue des ânes et des mulets, ensuite on vint déposer sur le pavé de la salle de la Convention des trophées d'ornemens sacerdotaux, en signe de victoire sur le fanatisme, et d'éternelle abolition pour toutes les idées superstitieuses (1).

Je vous ai déjà dit que Roberspierre avait fait éta-

---

(1) Pendant les *glorieuses* journées de 1830, le rédacteur de ces Mémoires a vu sur la place du Carrousel, après le pillage des Tuileries, une longue robe *lamée* de Madame la Dauphine, ainsi qu'une soutane violette de l'Évêque d'Hermopolis qu'on avait agrafée sur deux gros chiens qu'on fouettait rudement pour les obliger à s'enfuir et s'en aller courir les rues. On a vu dans les Tuileries le corps d'un homme de juillet (un infâme cadavre) que ses compagnons avaient établi sur le fauteuil du trône et sous le dais royal. On a vu profaner les reliques et piller les

blir un comité d'instruction publique et de moralité primaire, dont les membres avaient été chargés de rédiger un projet de loi, tendant à substituer un culte *raisonnable et civique* à la religion chrétienne qui n'était qu'un judaïsme bâtard et dénaturé, avait dit Mme Roland, dans une circulaire officielle de son mari. Notre-Dame était devenue le temple de la Raison, et les autres églises de Paris étaient consacrées à toutes sortes de divinités métaphysiques et de vertus révolutionnaires : Saint-Gervais à la liberté de l'industrie ; Saint-Roch à l'amour de l'égalité ; Saint-Sulpice à la prévoyance agricole ; Saint-Eustache à la salubrité civile, et l'église des Missions étrangères à l'économie rurale. C'était presque toujours Mlle Maillard (de l'Opéra), qui venait représenter la déesse de la raison, la félicité publique, la liberté politique et toutes les autres libertés personnifiées. Les jeunes gens nous disaient que cette forte et puissante chanteuse était la vivante image de l'abondance et de la maturité.

On la faisait monter sur le maître autel et siéger sur le tabernacle, après l'avoir ajustée de guirlandes de chêne, ou d'une peau de lion, d'une couronne de pampres et d'épis, ou d'autres insignes assortis à sa divinité de circonstance. En vous disant qu'un de ces jours de fête, on a vu monter sur l'autel de Notre-Dame, habillé d'une carmagnole aux trois cou-

---

vases sacrés de Notre-Dame, et les salariés de 93 ne s'y seraient pas mieux pris.

Voilà l'origine de la royauté du 9 août qui voudrait faire de l'ordre.

leurs et coiffé du bonnet rouge, un littérateur encyclopédiste, un prétendu philosophe, un membre de l'académie française, et ceci, pour y blasphémer la divine personne de Notre-Seigneur et pour y nier l'existence de Dieu, qu'il a défié de l'écraser par un coup de tonnerre afin de manifester sa puissance, je ne crois pas manquer à la charité chrétienne, car on n'a pas manqué d'enregistrer cette abomination dans tous les journaux du temps. S'il est converti de bonne foi, comme je n'en doute pas, il est revenu de loin, M. Laharpe, et Mme de Clermont-Tonnerre a fait une belle cure !

Une autre loi conventionnelle avait décidé que la ville de Lyon serait démolie, à la réserve des habitations *du pauvre* et des édifices consacrés à *l'instruction populaire et à l'humanité.* Les propriétés des riches et des autres contre-révolutionnaires devaient être partagées entre les patriotes; les enfans des condamnés ou des suspects devaient être confiés à l'administration des enfans-trouvés, et voici comment s'exprimait le rapporteur de ces dispositions.

« Laisserez-vous subsister, disait Barrère, une
« ville qui par sa rébellion a fait couler le sang ré-
« publicain? Qui osera réclamer votre indulgence
« pour cette ville infâme? Non, ce n'est pas, ce ne
« doit plus être une ville, que celle qu'habitent des
« conspirateurs! Que devez-vous respecter dans votre
« vengeance? la maison de l'indigent persécuté et
« humilié par le riche : la charrue doit passer sur
« tout le reste. Vous l'appellerez *Commune affran-*
« *chie*, et sur les ruines de cette infâme cité, il sera

« élevé un monument qui dira ces mots : Lyon fit
« la guerre à la liberté, Lyon n'est plus! »

Il se trouva deux jacobins, députés de la Convention, ou plutôt députés de l'enfer, qui furent exécuter ce mandat révolutionnaire avec une férocité méthodique et raisonnée, dont on ne trouverait aucun exemple dans l'histoire d'aucun autre peuple. Ils écrivaient à leurs confrères des comités de sûreté générale et de salut public, que depuis leur arrivée sur les ruines de Commune affranchie, *la terreur* s'y trouvait à *l'ordre du jour*. — Nous avons dépouillé le crime, disaient-ils, de ses vêtemens et de son or. Nous remplissons notre devoir avec une sévérité stoïque et une impartiale rigueur, et c'est sous les voûtes de la nature que la commission rend justice, comme le ciel la rendrait lui-même. Nous sommes en défiance contre les larmes du repentir, rien ne peut désarmer notre sévérité. Les orgueilleux édifices de la place Bellecourt sont déjà tombés, il n'en reste plus vestige, mais les démolitions sont trop lentes, il faut des moyens plus rapides à la vengeance républicaine. L'explosion de la mine et l'activité des flammes doivent seules exprimer la toute-puissance du peuple, et sa volonté doit avoir les effets du tonnerre. Nous célébrons aussi des fêtes civiques, mais c'est en immolant à la justice du peuple, sans ménagement et sans exception, tous les ennemis de la liberté.

Collot d'Herbois et Fouché convenaient pourtant que cette sorte de fêtes pouvait présenter, au premier coup d'œil, une image funèbre, telle que celle du *malheur* ou du *néant*; mais, reprenaient-ils avec une ardeur nouvelle, de pareilles fêtes doivent laisser à la méditation des penseurs une idée consolante, et c'est à savoir que les tombeaux de l'incivisme et les ruines de la domination renferment toujours les germes féconds et les vigoureuses matrices d'une génération d'hommes libres. — Nous le jurons! s'écriait ce comédien de province et ce monstre d'Oratorien, ce damné Janséniste, — nous jurons que tout ce que le despotisme avait élevé dans la ci-devant commune de Lyon sera anéanti! et sur les débris de cette ville superbe et rebelle qui fut assez corrompue pour désirer un maître, le voyageur verra avec une douce satisfaction quelques monumens simples, élevés à la mémoire des défenseurs de la liberté, et des chaumières éparses que les amis de l'égalité s'empresseront de venir habiter pour y vivre heureux des bienfaits de la nature (1).

C'était parce que l'Abbé de Neuillant s'était établi dans le diocèse de Lyon avec les pouvoirs du Primat des Gaules, que j'étais si bien au courant de ce qui se passait à *Commune affranchie*, mais je vous dirai

---

(1) « *Le tableau qu'offrait dans la fête que nous avons donnée hier, la commission révolutionnaire suivie de deux exécuteurs de la justice nationale tenant en main la hache de la mort, a excité les cris de la sensibilité et de la reconnaissance de tous les bons patriotes. Les édifices tombés sous le marteau des républicains seront convertis en salpêtre tyrannicide. Nous envoyons ce soir deux cent treize rebelles sous le feu de la foudre. Adieu, mon ami; les larmes de la joie coulent de mes yeux...... Elles inondent mon âme!* »
(Rapport du représentant Fouché. *Moniteur* de l'an 2, n° 224 et suivans.)

que les nomenclatures de la géographie conventionnelle étaient remplies d'obscurité ; et quand il était question, dans les journaux, d'Égalité-sur-Marne ou de Roc-libre, par exemple, vous pensez bien que les bonnes gens comme nous s'en trouvaient dépaysés. Il y avait Libre-ville et Havre-Marat, Libreval-sur-Cher et Philopœmina dans les Vosges. On passait à Côteau-Danton pour aller à Guillotinville, et l'on revenait à Couronne-civique par Tolérance-religieuse, autrement dit Port-Paschal et ci-devant Royal. Mme de Brézé recevait des lettres timbrées de Fraternité-sur-Loire et de Saint-Étienne en Forez qui s'appelait Commune-d'armes. On disait Saare-libre au lieu de Saarre-Louis et Charlibre au lieu de Charleroy. Je me souviens que la petite capitale du Bourbonnais avait eu la modestie de s'intituler Moulins-de-la-république. Saint-Denys était devenu Franciade, et Brutus-le-Magnanime était tout bonnement Saint-Pierre-le-Moutier. Quant à la seigneurie de Mesdames de Remiremont, localité des plus nobiliaires, on s'y qualifiait généreusement et fièrement de *citoyens montagnards de Libremont, l'inaccessible au fanatisme et à la tyrannie féodale*.

Je vous puis dire aussi que les feuilles d'annonces invitaient souvent les citoyens et citoyennes *du négoce* à faire le voyage de Paris à Bourg-Égalité, ci-devant Bourg-la-Reine, afin d'y visiter et prendre à location (pour y passer agréablement les décadis du trimestre en *dor*) une élégante et simple chaumière accompagnée d'un verger rustique (dont la contenance excédait un quart d'hectare), et la même annonce ajoutait que cette attrayante et champêtre habitation se trouvait au milieu de la grande rue, à côté de la maison commune, au coin de la rue Voltaire et n° 186. On allait acheter du pain d'orge à Commune-équitable, au lieu de Villejuif, et l'on vous conseillait d'envoyer vos enfans en nourrice à Montfort-le-Brutus, autrefois l'Amaury, tout aussi bien qu'à Fontenay-le-peuple et à Rocher-la-cocarde.

Nous apprîmes un jour, en lisant le journal du père Duchêne, que son estimable directeur avait été se divertir à prendre le frais sur la terrasse de Montagne-en-bon-air (autrefois Saint-Germain-en-Laye, où il avait fait arrêter, et qui plus est, *assommer*, disait ce même journal, un calotin déguisé). Du reste, on avait soin d'envoyer souvent les élèves de la patrie et les jeunes républicaines, en pélerinage à la petite maison de J.-J. Rousseau dans la vallée de Montmorency, qui s'appelait Val-d'Émile. Je n'ai jamais su pourquoi c'était la petite ville de Neung qui s'appelait Raison-temple, mais je vous dirai, pour en finir, que Vedette-républicaine était Charleville, et que celle de Créquy-le-Châtel avait reçu le nom de Commune-aux-piques. C'était, j'imagine, en remembrance de votre Créquier.

Je ne veux pourtant pas négliger de vous parler d'un certain endroit qui se trouve dans les Ardennes et qui s'appelle Marche-en-famine. Les autorités de cette petite ville avaient écrit à celles de Paris pour en obtenir l'autorisation de s'appeler Corne-d'abondance; mais les députés Wallons s'en moquèrent et les autres conventionnels aussi; d'où vient que ladite ville de Marche est toujours restée comme elle était ci-devant, c'est-à-dire en pleine famine, au milieu d'une lande à perte de vue, qui n'est ombragée que par des halliers d'épine et de l'ajonc pour tout combustible, avec des grenouilles en eau bourbeuse et force couleuvres en fait de gibier. On n'y mange aucun autre fruit que des mûres de ronces, et le Prince de Ligne ajoutait que les notables du pays se convient toujours obligeamment et délectablement quand ils ont pu se procurer un beau chat. Comme il était co-Seigneur de la ville, il en avait su mille pauvretés de cette nature.

Je ne vous reparlerai pas des noyades de Nantes et des mariages républicains sur les bateaux à soupapes, attendu que les poursuites et l'instruction judiciaire qui ont été dirigées contre Carrier, n'ont pas manqué de mettre à nu tous ces actes de vertige infernal et d'épouvantable férocité que vous trouverez étalés dans son procès.

Les envoyés du comité de salut public à Toulon, s'y montraient les dignes émules du même Carrier et de Collot d'Herbois. Ces délégués de la justice conventionnelle avaient fait afficher une proclamation pour enjoindre, sous peine de mort, à tous les propriétaires et les armateurs de Toulon de se rendre au milieu d'une esplanade aux portes de cette ville, et c'était, disaient les signataires de l'affiche, afin de leur communiquer un acte officiel et des résolutions dictées par un esprit de bienveillance et de conciliation patriotiques. Il y fut environ trois mille personnes, et sur un signal donné par le général Fréron, il y eut une batterie démasquée qui tira sur elles à mitraille. On supposa qu'il pouvait s'en trouver que la chute des morts et des mutilés, ou l'excès de la frayeur auraient fait tomber par terre ; — *Allons, s'écrièrent Isnard et Fréron, que ceux qui ne sont pas morts se lèvent, la république leur fait grâce !......* Tous ceux qui s'y laissèrent tromper une seconde fois, essuyèrent un autre feu de mousquetterie, et la bayonnette au bout du fusil vint les achever. La population de Toulon, qui s'élevait à vingt-neuf mille habitans, avait été réduite à sept mille personnes au bout de cinq semaines.

Je n'aurai pas le courage de vous parler des exécutions d'Arras, et je n'aurai garde de vous parler des crimes de Joseph Lebon. Cet ancien moine au prieuré de Canaples était natif de Créquy, c'était un monstre sans pareil et je ne saurais l'ignorer ; mais je ne veux pas oublier que c'est à sa reconnaissance ou sa considération pour moi que votre parente et mon amie, la Rhyngrave de Salm, a dû la conservation de sa vie ; je ne vous en dirai pas plus sur cet abominable homme, et ce me semblerait une chose mal séante.

Roberspierre avait aperçu qu'il ne pourrait établir sa domination que sur des populations dégradées et stupides ; il aurait voulu pouvoir anéantir la triple aristocratie de la naissance, de la fortune et du savoir ; il est certain qu'il avait l'intention de détruire toutes les grandes villes, et de réduire toutes les fortunes au plus bas niveau. Il avait résolu, ce qu'on a su de lui-même et de la façon la plus certaine, il avait conçu le projet de réduire des deux tiers la population de la France, et de n'y laisser que du fer et des soldats, avec des chaumières et du pain bis. En considérant les moyens qu'il employait, ceux qu'il avait en réserve, et l'espèce de gens qui se tenaient à sa disposition, c'est un projet qui n'avait rien d'impraticable, et j'en éprouvais quelquefois, pour l'avenir de notre malheureuse patrie, des mouvemens d'angoisse et d'effroi que j'avais grand'peine à surmonter, malgré toute la confiance que je devais porter en Dieu. Mais, par ma foi! lorsque j'appris que la commission militaire de Nantes avait fait fusiller des enfans de sept ans (1); lorsque je vis dans le compte rendu de la séance des jacobins, qu'on venait d'y faire la proposition de faire guillotiner tous les individus français, royalistes ou terroristes, hommes ou femmes, et riches ou pauvres, aussitôt qu'ils auraient atteint leur soixantième année; lorsque j'y trouvai la proposition de *saler ou mariner les chairs des suppliciés qui seraient reconnues saines et de qualité potable, afin que les aristocrates pussent devenir utiles à quelque chose, et du moins après leur mort ;* enfin lorsque je vis donner publiquement un encoura-

---

(1) « *Nous n'avons garde d'épargner les femmes et les enfans. Les femmes engendreraient trop si on les laissait vivre, et les enfans sont des louveteaux qu'il faut étouffer. Les femmes de la Loire-Inférieure et de la Vendée sont toutes des monstres. Les enfans ont aussi trahi la république. Ceux de treize à quatorze ans portent les armes contre elle, et ceux du plus bas âge servent d'espions. Plusieurs de ces petits scélérats ont été jugés et condamnés par la commission militaire, et mis à mort. Quant aux ci-devant prêtres, on en a submergé quintidi dernier quatre-vingt-deux, sans compter les autres coupables, ainsi, tu vois que le décret qui les condamnait à la déportation a été exécuté verticalement.* »
(Rapport de Carrier, 21 février 1794.)

gement pécuniaire à l'industrie du citoyen Pélaprat, qui faisait tanner des peaux humaines (1) ; — Voici, disais-je à l'abbé Texier, des imaginations follement républicaines et des monstruosités qui me font espérer la fin de nos souffrances. Le succès du crime est toujours soumis à certaines conditions d'ordre public en apparence, et de sens commun. Voilà Roberspierre et ses jacobins qui perdent l'esprit en attendant qu'ils perdent la tête, et vous allez voir que Dieu va souffler sur eux. C'étaient visiblement les héritiers du philosophisme et ses exécuteurs testamentaires : apparemment que la France est assez châtiée et que la justice du ciel est satisfaite? La puissance ou la démence révolutionnaire est à son apogée, elle ne pourra plus que décroître, et tous ses efforts pour se maintenir ne vont servir qu'à la précipiter. Enfin, mon ami, la

---

(1) « *Ce que nous pouvons qualifier d'inappréciable dans la pénurie des circonstances et les embarras du moment, c'est aussi la découverte d'une méthode pour tanner, en peu de jours, les cuirs qui exigeaient autrefois plusieurs années de préparation. On tanne, à Meudon, la peau humaine, et il en sort de cet atelier qui ne laisse rien à désirer pour la qualité ni la préparation. Il est assez connu que le citoyen Philippe-Égalité porte une culotte de la même espèce et de la même fabrique, où les meilleurs cadavres de suppliciés fournissent la matière première. La peau qui provient des hommes est d'une consistance et d'un degré de bonté supérieures à celle des chamois. Celle des sujets féminins est plus souple, mais elle présente moins de solidité, à raison de la mollesse de son tissu.* » (Rapport de la commission des moyens extraordinaires pour la défense du pays, 14 août 1793.)

mesure du mal est tout-à-fait comblée ; prenons courage !

Le Duc de Nivernais, qui était prisonnier aux Carmes, avait eu connaissance d'un fameux déportement du citoyen Fouché, pendant qu'il était en mission dans le Nivernais, qu'on appelle aujourd'hui le département de la Nièvre : il avait imaginé de célébrer une fête en l'honneur de la Nature et de l'Hyménée républicain, et pour ce faire il avait mit en réquisition quatre cents jeunes garçons, avec autant de pauvres filles qui ne s'étaient jamais ni vus ni connus et qu'il avait fait parquer dans un grand herbage au bord de la Loire. Il arriva sur la prairie vers une heure après midi, par la fraîcheur de M. de Vendôme, avec son cortége de sans-culotte en savattes, assistés des musiciens du petit théâtre de Nevers ; il était déguisé en pontife de la Nature, avec une couronne de fruits rouges, et voici le programme de cette auguste solennité.

— Jeunes citoyens, se mit-il à crier, commencez par vous choisir une compagne entre ces vierges pudiques....... Et voilà tout aussitôt quinze ou vingt gars qui se précipitent avec résolution sur une jolie fille de Donzy, dont le père était un riche meunier, ce qui n'y gâtait rien.

La jeune citoyenne avait les yeux baignés de larmes et ne voulait rien écouter, parce qu'elle aimait tendrement son cousin, qui était le fils du maréchal-ferrant de Saint-Andoche, et qui n'était pas là.

Comme on n'avait pas fait cette battue matrimoniale avec assez de précaution il se trouvait parmi

les garçons des mécontens ; il y avait parmi les jeunes filles des marques de préférence et des résistances ; enfin c'était une affaire à vider entre l'égalité naturelle et la liberté individuelle, tout se disposait pour le pugilat, et les gardes nationaux furent obligés d'intervenir pour séparer les futurs conjoints qu'on aligna sur deux colonnes et qu'on a mariés malgré qu'ils en aient, en suivant la fatalité de leur numéro de situation. Je ne crois pas que l'ancien régime ait jamais produit un pareil acte d'arbitraire ? mais « la liberté consiste à fléchir volon-
« tairement sous le niveau de l'égalité. » Voilà ce que leur dit Fouché dans sa harangue, afin de les disposer à l'obéissance et les entretenir dans la jubilation patriotique.

Il y eut un grand souper donné sur l'herbe et sous les voûtes de la nature. Les vins, les viandes avec les couteaux, les gobelets, et tous les objets nécessaires à la confection du banquet, avaient été fournis et transportés par voie de réquisition sur la *plaine de l'égalité*, où s'est engloutie toute la provision si méthodique et si bien rangée des caves du château de Nevers ; et, ce qui contrariait beaucoup plus M. de Nivernais, toutes les belles porcelaines d'Europe et d'Asie qu'il avait en collection.

A présent, laissez-moi vous achever l'histoire de la jolie paysanne de Donzy, qui est aujourd'hui la citoyenne M....... et qui jouit (pour le moment) de quarante mille écus de rente en Nivernais et en Donzois. Si monsieur son époux avait joué de bonheur et croyait avoir obtenu le gros lot, elle avait eu celui de tomber avec un grand garçon qui ne ré-

vait qu'En-avant! marchons, tambour battant,
giberne pleine! et qui, partant du moulin de son
beau-père, est devenu général au service de la république, avec un habit brodé en feuilles de chêne
et des plumets tricolores à son chapeau. Ce fut en
moins de rien; car son noviciat n'a duré que deux
ans, ce qui fait honneur au discernement des citoyens Danton, Pache et autres ministres de la
guerre. Mais ce qui ne fait pas autant d'honneur au
caractère de cet officier-général, c'est qu'avec le produit de ses confiscations dans les églises de Flandre,
de ses voleries dans les châteaux du Brabant, et de
son reliquat des contributions forcées en Belgique,
il a commencé par soumissionner des biens d'émigré qu'il a trouvé moyen de payer (comme tous les
acquéreurs de propriétés *nationales*), avec l'argent
de la coupe d'une avenue ou moyennant la démolition d'une aile de château. Il paraît que c'est un
effronté voleur (ainsi que la plupart des généraux
de la république), et l'on dit que sa femme en est
devenue risiblement insolente (ainsi qu'il appartient
aux filles de meuniers dont les maris sont parvenus au généralat.) Il paraît aussi qu'ils ont conservé
de leur banquet d'épousailles une mauvaise habitude; et dans un grand diner qu'ils ont donné l'année dernière à Bruxelles, on a remarqué que toutes
les pièces de leur vaisselle et tout leur linge de table
étaient restés armoiriés d'Aremberg et de Croüy.
Vous les apercevrez sous le directoire, et vous les reverrez figurer sous le consulat du général Buonaparte, au premier rang dans son estime et sa considération, ce qui prouve que sa délicatesse ou son

exigence ne sont pas rigoureuses. Toujours est-il que Messieurs de Nivernais et d'Aremberg nous en disaient tellement sur les prétentions et les ridicules de ces deux conjoints de la *prairie*, de la *nature* et de la *convention*, que votre pauvre mère en avait des fous-rires insurmontables. Il me semble que j'en aurai mille choses à vous conter si je songe à vous reparler d'eux?

On nous avait donné pour comprisonnier un vieux jacobin qui connaissait le dessous des cartes révolutionaires, et qu'on avait suspecté de *modérantisme*. Il s'en impatientait, et quand il entrait en révélation, je devenais toute oreille. Il aurait dû s'appeler Charles-Jacques-Henry Clément ; mais il avait retranché deux de ces prénoms pour la circonstance de 93 et pour se faire de fête.

— Savez-vous, disait-il un jour à l'Abbé Texier, que si Philippe-Égalité ne s'en fût pas mêlé, la majorité de la Convention n'aurait pas condamné Louis XVI? et voici comment Jacques Clément racontait cette particularité.

On avait appris au comité secret des jacobins, pendant la nuit du 15 au 16 janvier, que le conventionnel Pelletier de St-Fargeau et vingt-cinq autres députés (de la plaine) qui votaient sous son influence, étaient tentés de reculer devant l'horreur et les conséquences d'un régicide. Les montagnards se comptèrent et s'en émurent. Ils virent avec fureur que si vingt-cinq voix leur faisaient défaut, ils ne pourraient emporter la condamnation capitale, attendu que le même nombre de vingt-cinq voix enlevées à la peine de mort, en donnerait dix-neuf de majorité pour obtenir la détention jusqu'à la paix générale. L'immense fortune de St-Fargeau ne permettait pas de l'attaquer du côté de l'intérêt, mais Danton prit un autre moyen, il alla trouver le Duc d'Orléans et lui dit : — Savez-vous ce qui se passe ? voilà St-Fargeau qui nous abandonne avec les vingt-cinq députés dont il est chef de file, nous savons qu'ils ont résolu de voter pour toute autre peine que celle de la mort. Vous avez plus que personne à vous alarmer de cet incident-là, puisque vous avez déjà voté contre l'appel au peuple : Vous voterez la mort avec nous autres, et vous la voterez sous peine d'encourir la vengeance des patriotes ; ainsi jugez de votre position, si la peine de mort n'est pas assurée par la majorité des voix ?.....

Danton n'eut aucune peine à effrayer Philippe-Égalité qui frémissait toujours en face d'un terroriste. Il reconnut le péril de sa situation, il ne manqua pas d'entrer dans les vues de ce misérable, et il en reçut un conseil de perfidie qui n'eut que trop d'influence sur le résultat du procès de Louis XVI.

— St-Fargeau a toujours été de vos amis, ajoutait Danton ; il a pour mobile une ambition ridicule, une vanité misérable ; prenez le chemin que je vous indique et vous triompherez certainement de son hésitation. Attendez-moi pendant une heure et je vous promets de vous amener St-Fargeau.

— Eh bien, mon ami, lui dit Philippe-Égalité, voici le moment de prendre une résolution définitive : on ne veut me porter au trône que lorsque j'aurai donné un gage irrévocable au parti de la révolution. C'est vous dire assez que je dois me prononcer pour la peine de mort; vous savez d'ailleurs que si je votais différemment, le côté de la montagne en abuserait pour calomnier mes intentions patriotiques; ce sera, n'en doutez pas, une preuve de mon dévouement pour ma famille et pour mes amis; mais à quoi me servira de leur donner ce témoignage de ma bonne volonté, s'ils m'abanbandonnent, s'ils viennent faire échouer tout ce que la mort de Louis XVI aurait de favorable pour nous, et s'ils viennent prononcer pour lui, contre moi?

St-Fargeau lui répondit qu'il avait fait le serment de ne jamais condamner personne à mort; il ajouta que ses amis étaient effrayés des conséquences d'une condamnation dont on pourrait contester la légalité constitutionnelle, et Philippe d'Orléans le laissa pérorer tant qu'il voulut.

— Mais, reprit-il ensuite, on est venu m'imposer une autre condition que je viens d'accepter, et celle-ci consiste à marier tous mes enfans dans la classe des citoyens français. Je l'ai promis à Danton, et comme je puis choisir librement, je vous demande, écoutez-moi bien, je vous demande la main de Mlle de St-Fargeau pour le Duc de Chartres. Le mariage pourra se faire immédiatement après la mort du Roi; il est question de faire asseoir votre fille sur les degrés du trône de France, en attendant qu'elle y parvienne; je n'ai pas besoin de vous dire ce que je vous conseille de faire; vos amis pourront compter sur ma reconnaissance et se reposer sur mon zèle à les servir. Je ne vous dis que cela! décidez-vous.

Le citoyen Clément ajoutait que Pelletier de St-Fargeau fut ébloui par cette proposition vaniteuse, et qu'il se voyait déjà le beau-père d'un Roi, parce qu'il était du nombre de ces braves gens à qui Dumouriez cherchait à persuader que le fils Égalité pourrait obtenir les suffrages de la nation plutôt que son père, attendu qu'il n'avait et ne pouvait avoir, à cause de sa jeunesse, ni *ennemis trop implacables, ni amis trop odieux*. Toujours est-il que St-Fargeau se résolut à voter avec les régicides, et que par suite de cette manœuvre à la d'Orléans, la majorité pour la mort du Roi fut de 35 votes, au lieu que la décision contraire aurait obtenu 19 voix de majorité comme l'avait calculé Danton.

Pelletier de St.-Fargeau n'a pas plus recueilli que Philippe d'Orléans le fruit de son crime. Notre compagnon protestait que c'était Philippe-Égalité qui avait fait assassiner St-Fargeau, afin que la promesse de mariage qu'il avait souscrite avec un dédit de quatre millions restât sans effet. Il disait aussi que, pour entretenir la rage des jacobins contre Louis XVI, on s'était arrangé de manière à ce que l'assassinat de St-Fargeau précédât le supplice du Roi, et qu'on avait eu soin d'attribuer cet assassinat à un prétendu garde-du-corps. Ce que j'ai su de manière à n'en pouvoir douter, c'est que le meurtrier de ce révolutionnaire avait nom Páris, qu'il n'avait jamais appartenu à l'opinion royaliste, et qu'il n'avait jamais servi dans les gardes-du-corps (1).

(1) Mlle Le Pelletier de Ste-Fargeau fut adoptée par la Con-

A propos de ce M. Clément, je pense toujours à une singulière idée du jeune Chénier qui avait imaginé, je ne sais pourquoi, de ne lui parler qu'en vers ; et tous les pinçons de notre volière avaient si bien adopté la même habitude, qu'ils ne répondaient jamais à ses objections politiques où à ses argumens républicains, qu'au moyen de quelque belle tirade de théâtre ou de quelque fragment pindarique. Les citations fournies par les chansons, les sonnets, les rondeaux, les triolets et les autres menues poésies, étaient réservées pour les affaires du second ordre, et s'appliquaient particulièrement à toutes les questions ou les observations qui pouvaient concerner, ou le jour du mois, l'heure du jour ou l'état du baromètre. Si M. Clément, par exemple, osait avancer que certains généraux de la république étaient d'illustres guerriers ; — illustres ! s'écriait Chénier, vous avez dit illustres, allons donc, citoyen Clément, commencez par mettre la gloire et l'illustration hors de cause.....

« L'opprobre suit toujours le parti des rebelles.
« Leurs grandes actions sont les plus criminelles ;
« Ils signalent leur crime en signalant leur bras,
« Et la gloire n'est point où les Rois ne sont pas !

---

vention qui la maria quelque temps après avec un patriote hollandais nommé Dewitt. Mais quoiqu'elle ne fût âgée que de 15 à 16 ans, elle eut recours au divorce au bout de quelques mois de mariage. C'était la Convention qui avait fait les frais de sa noce et de son trousseau, qui contenait *douze perruques*, à ce que disaient les journaux patriotiques, et ce fut le président du comité révolutionnaire qui fit part de son mariage en lui donnant la qualité de *fille de la Nation*. (*Note de l'Aut*.

Voulez-vous donc vous faire guillotiner et nous aussi? disais-je à ce pauvre garçon. — Attendez, Madame, attendez, et vous allez voir une autre citation bien autrement épouvantable! — Allons, citoyen Clément, c'est à propos de la captivité de notre bon Roi; — Oui! disait-il à notre modéré qui restait comme un éperdu et qui croyait avoir affaire à des pythonisses Érychtées.

« Oui, quand il serait vrai que l'absolu pouvoir
« Eût entraîné Louis par-delà son devoir,
« Qu'il en eût trop suivi l'amorce enchanteresse,
« (Quel homme est sans erreur, et quel Roi sans faiblesse)?
« Est-ce vous à prétendre au droit de le punir?
« Vous tous, nés ses sujets! vous, faits pour obéir!
« Un fils ne s'arme point contre un coupable père;
« Il détourne les yeux, le plaint et le révère.
« Les droits des souverains sont-ils moins précieux?
« Nous sommes leurs enfans, leurs juges sont les Dieux.
« Si le ciel quelquefois les donne en sa colère,
« N'allez pas mériter un présent plus sévère,
« Trahir toutes les lois au lieu de les venger,
« Et renverser l'État au lieu de le changer!

N'allez pas révéler à Jacques Clément que ce sont des vers de Voltaire! je me divertis beaucoup à lui faire croire qu'un privilége des aristocrates est de ne se parler qu'en vers et de pouvoir improviser de beaux alexandrins sur toutes sortes de sujets.

Cet excellent jeune homme allait panser tous les matins un vieux juif italien, nommé Ficraventi, qui s'opiniâtrait à conserver deux vésicatoires derrière les oreilles, et qui ne voulait jamais quitter son lit de sangles ; il apostrophait quelquefois rudement son jeune infirmier qui n'en tenait compte et qui lui disait avec une patience admirable : — Je fais de mon mieux ; si vous vous fâchez contre moi, qui est-ce qui viendra vous soigner ? Il partageait ses alimens et son argent avec les nécessiteux ; il se dépouillait de ses vêtemens pour couvrir les nus, et le plus beau de son affaire était de s'en cacher comme il aurait fait d'un vice ou d'un ridicule. Je n'ai jamais vu réunir un si tendre cœur à plus de fermeté de caractère, à plus de souplesse et d'originalité dans l'esprit. Il n'était jamais content de ce qu'il écrivait. Il n'est pas vrai que son frère ne l'aimât point. Je ne sais comment il a pu l'abandonner à la hache de Fouquier-Tinville, mais c'était certainement par une fausse confiance, et j'en suis bien sûre après l'avoir vu se rouler par terre et sangloter comme il a fait devant moi, chez sa malheureuse mère, auprès de qui j'étais allée pour exécuter une triste commission de ce pauvre André, quelques jours après ma sortie de prison. Avec le coup d'œil et l'oreille justes, on n'est jamais trompé sur la réalité d'une affliction pareille à celle de cet autre M. de Chénier, dont le nom de baptême est Joseph, autant qu'il m'en souvient ? on est allé jusqu'à l'accuser de fratricide ; mais comme il a commis un parricide à l'égard du Roi, apparemment que l'impunité ne saurait exister pour un pareil forfait ; apparemment qu'à défaut de vindicte publique ou de punition légale, il faut toujours qu'un régicide se trouve soumis à quelque peine accablante, exemplaire ; a quelque flétrissure odieuse, à quelque châtiment assez rigoureux pour attester à la société chrétienne, à l'humanité frappée au chef, à la civilisation poignardée au cœur, qu'il existe au-dessus d'un échafaud démagogique, élevé misérablement à six pieds de terre, un justicier infaillible, un suprême arbitre entre les juges et les condamnés, entre les fils et les pères, entre les peuples et les Rois.

CHAPITRE VII.

Louis-Philippe d'Orléans. — Sa biographie. — Son jugement, sa condamnation, ses derniers momens et son supplice.

J'ai vu pendant l'espace d'un siècle, ou peu s'en faut, cinq générations se succéder dans une famille ; et cette famille était, pour ainsi dire, abimée dans l'excès des prospérités humaines. On n'y songeait qu'au plaisir et au profit ; on n'y pratiquait aucune vertu ; on y donnait l'exemple de tous les vices ; on n'y parlait jamais d'honneur et toujours d'argent.

Si parmi les hommes en évidence il s'en trouvait de si décriés qu'ils fussent repoussés et comme reniés par leur famille, celle-ci les admettait parmi ses officiers ou ses familiers.

Quand un ecclésiastique avait souillé la pureté de sa robe, il devenait l'ami de la maison.

Une femme qui s'était dégradée par les plus honteux désordres était certaine de s'y faire admettre. Elle y régnait, elle y parlait haut et ferme ; elle y faisait entendre, à l'instar des maitres et des habitués de cette maison, des paroles de joie cynique, avec des éclats de ce rire forcé dont les honnêtes gens s'attristent toujours.

Si la débauche et la honte avaient été mises au

concours, c'est à cette famille et à cette société que l'opinion publique en aurait décerné le prix.

A pareil scandale, il fallait une peine afflictive; un enfant naquit : c'était la dégradation visible et l'opprobre manifeste; c'était la punition du ciel incarnée; et toutefois les parens et leurs amis s'enorgueillirent et se réjouirent autour de ce berceau.

Pendant son enfance, on essaya de cacher combien il était vicieux, malfaisant et lâche. Il mentait pour le plaisir de mentir : et savez-vous ce que faisait cet enfant qui nageait dans l'abondance? Il dérobait ses valets ; il leur volait de petits bijoux, du linge, des pièces de monnaie, et jusqu'à des papiers, qu'on a trouvés cachés dans sa garde-robe.

Lorsqu'il eut atteint l'âge de discernement, il se mit à dire à ses précepteurs : —*Allons donc! ma mère en a fait bien d'autres ; et vous savez bien que je ne suis pas le fils de monseigneur....*

Quand on vit qu'il allait épouser la plus pure et la plus noble fille de France, on disait chez lui : C'est très bien, ce sera la plus riche héritière du pays.... Du côté de la jeune fille, on en frémissait d'épouvante; mais le Roi le voulait !

Cette malheureuse épouse avait un frère. Il mourut jeune et sans enfans : c'était dans l'ordre.

Il se trouva que le défunt laissait une veuve à laquelle on devait payer un gros douaire, **et cette belle-sœur fut assassinée** (1).

Un écrivain, ou pour mieux dire un observateur de ce temps-là, fit imprimer la phrase suivante :

---

(1) Madame de Lamballe.

« *Il y a des familles où la soif héréditaire de l'or est tellement inextinguible, que les accidens les plus tragiques et les plus imprévoyables arrivent toujours, et tout justement à propos pour les enrichir.* » Cet écrivain eut le même sort que la riche douairière (1).

Comme ce jeune homme était naturellement cruel, il était lâche ; et dans une occasion d'éclat, où sa naissance et son ambition l'avaient forcé de se montrer, il ne s'était fait remarquer que par une suite de lâchetés inouïes.

Par un calcul d'artifice et d'ambition vaniteuse, il feignit d'éprouver un amour passionné pour la plus aimable et la plus puissante Princesse de la terre. Il n'en obtint que du mépris. Mais bientôt après, il se répandit universellement un libelle affreux contre cette Princesse, et c'était cet homme qui l'avait fait imprimer dans sa maison, et c'était lui qui en avait payé les deux auteurs.

Ce fut avec le souvenir de ses vertueux mépris que la chute et la mort sanglante de cette femme, et celle de tous ses plus proches parens, fut résolue.

Il avait fait de son habitation principale un lieu de prostitution, de crapule et de filouterie. — *Arrêtez-vous*, lui dit un de ses conseillers, *l'opinion se prononce contre les moyens que vous prenez pour augmenter vos revenus.*

Il répondit à cela : — *Je fais plus de cas d'un petit écu que de l'estime publique.*

Son père, ou le mari de sa mère (s'il est permis de s'énoncer avec autant d'abjection que la mère et

---

(1) M. Suleau.

le fils, son père avait ordonné qu'on l'enterrât *dans l'église de Saint-Port, à côté de la Dame du lieu.* (1) En entendant lire en grande cérémonie cet article du testament de son père, il éclata de rire, et s'écria : — *Je t'en souhaite!*..... Un des principaux officiers de sa maison fut tellement choqué de son irrévérence et de sa trivialité, qu'il envoya deux heures après la démission de sa charge. (2)

Pour obtenir une mission d'estime et de confiance politique, il alla dans une province afin d'y jouer d'hypocrisie. Il y promit tout ce qu'il fallait, il y souscrivit, il y jura tout ce qu'on voulut. Il s'est parjuré huit fois dans l'espace de trois années.

Le nom qui lui avait été transmis allait toujours s'amoindrissant, et lui parut encore un fardeau trop pesant pour lui; il échangea son misérable nom contre un sobriquet dérisoire; ensuite il s'en fut déclarer, dans un lieu public, qu'il était le fils d'un cocher.

Sa femme avait quitté le domicile conjugal et s'était réfugiée sous le toit paternel où il la faisait poursuivre par des arrêts, des sentences vénales, et la faisait pourchasser par des recors. Il a dénoncé son beau-père; il a sonné contre lui le tocsin de l'animadversion révolutionnaire ; il a torturé la digne fille de ce vertueux prince, en l'attaquant dans la juste fierté de son rang, dans sa dignité d'épouse, dans sa piété filiale et ses sentimens ma-

---

(1) Mme de Montesson, Dame de Saint-Port-sur-Seine et de Sainte-Assise.

(2) L'Abbé de Breteuil, ancien Chancelier d'Orléans.

ternels; dans sa tendresse de mère chrétienne et prévoyante.....

Nous l'avons vu renier sa famille et la religion de ses aïeux. Nous l'avons vu participer à tous les décrets d'une impiété délirante, à tous les actes les plus effrénés du terrorisme. Il a voté pour toutes les mesures de spoliation les plus iniques, il a souscrit sans honte et sans remords à toutes ces lois de sang qui sont venues déchirer le sein de la patrie. Il a figuré servilement, il a voulu pontifier à l'autel de la Raison dans le sanctuaire de son ancienne paroisse... Enfin, pour terminer la série de ses turpitudes et celle de ses crimes, il a eu l'affreux courage d'envoyer à l'échafaud le plus vertueux, le plus indulgent et le meilleur des humains.

Ce misérable ambitionnait un trône : il achetait l'usurpation comme il aurait fait d'un riche héritage, au poids de l'or et des crimes ; et ce fourbe osait dire au grand jour de la tribune, à la face de ces conjurés qu'il soudoyait : « *Je dévoue à la mort* « *tous ceux qui attenteraient à la souveraineté du* « *peuple.* » (Malédiction qui, du reste, s'appliqua sur lui et sur tous ses complices.)

On n'a rien vu dans l'histoire, et j'espère qu'on n'y verra jamais rien d'égal à cet excès d'opprobre.

Les années auront beau s'accumuler et s'écouler, le torrent des siècles aura beau rouler sur la fosse de ce régicide et sur tout ce qui pourra survivre de sa maison, ce sera toujours la postérité d'un cadavre enseveli dans la boue. C'était depuis long-temps une race perverse et dissolue dans la corruption : elle était déjà comme écrasée sous le poids de cinq générations infâmes ; et la voilà qui se montre à nous souillée de meurtre !..... et quelle a été sa principale victime encore? O grand Dieu! le Roi très Chrétien, l'Oint du Seigneur et le fils aîné de l'Eglise!....... Mon ami, quand une famille est tachée de son propre sang, la mémoire de l'assassinat est ineffaçable! la splendeur de son origine est dénaturée pour être enfouie dans un abîme de fange ; et vous verrez que son nom restera l'horreur du monde!

———

Il est écrit au livre de la Sagesse, et n'oubliez point ces divines paroles : « *O mon fils n'approchez jamais de la demeure de l'impie ; la honte et la malédiction sont cachées dans ses fondemens.* »

Au printemps de l'année 1795, environ trois semaines après la funeste mort du Roi, il y avait dans un cabinet reculé du palais d'Orléans, deux hommes établis devant un large guéridon d'orfévrerie.

On voyait sur le tapis de velours vert qui était enchâssé dans cette table, un rouleau de bons-au-porteur, un monceau de pièces d'or et des cornets fleurdelisés. De somptueux rideaux étaient soigneusement fermés à la clarté du jour, ainsi que les volets richement dorés de cette petite chambre. Elle étincelait à la lueur de cent bougies parfumées de cassia. C'était une journée radieuse, et les premiers rayons d'un soleil de printemps ; il allait sonner deux heures après midi ; mais telle était la coutume du logis, la volonté du maître, et ces deux hommes étaient occupés à jouer au creps.

Un des partenaires était dans la force de l'âge, et d'assez grande taille; mais il était déjà chauve et grisonné. Ses cheveux poudrés se collaient tout à plat sur ses joues vineuses et sur son front couvert de pustules. Il commençait à devenir obèse, et l'on voyait à son frac échancré, à son pantalon collant, en *peau de Meudon,* à ses bottines à retroussis jaunes, et tout le reste de son costume à prétention, que c'était un ancien anglomane, un engoué de Londres, un homme de clubs et de jockeys, de cheval et de pari : c'est tout dire en fait de sotte espèce de gens. Quant à l'expression de ses yeux ternes et glauques, où l'on pouvait démêler au même degré l'impuissance du crime et l'indifférence du remords, et quant à ses regards qui fuyaient toujours obliquement devant un coup-d'œil ferme, je vous assure que ce n'était pas là des yeux ni des regards humains!

L'autre joueur de creps était un ancien millionaire à l'air suffisant et familier; une petite figure de belette ou de furet sexagénaire, à physionomie sensuelle et superficielle. Il était proprement vêtu de ratine brune, et tous ses boutons étaient des médailles ou des monnaies de la république française, entourées d'un cercle d'émail aux trois couleurs. Il avait aussi des bas de soie tricolores, à dessins chinés, et de plus, cet élégant révolutionnaire avait une belle touffe de rubans satinés à son chapeau de fin castor, en guise de cocarde. Il était trop décemment ajusté, trop soigneusement épinglé, pour se mêler avec des Sans-culottes : un franc jacobin ne s'y serait pas laissé méprendre, et c'était une véritable figure de *modéré*. Il est arrivé plusieurs fois que des patriotes à 40 sous l'ont assailli dans les rues ; et comme il ne pouvait se résigner à s'habiller à la carmagnole, il avait fini par ne plus oser sortir de chez lui. Il se bornait à prendre l'air sur un grand balcon, car il n'avait pas conservé la jouissance de son beau jardin, dont on avait fait un lieu d'exercice et de récréation pour les Enfans de la Patrie. Je dois vous dire aussi qu'il avait fait appliquer un buste de Marat, avec un écriteau patriotique et force drapeaux civiques, sur la façade de sa maison, ce qui ne l'a pas empêché d'aller à la guillotine ; et du reste, on a toujours dit que dans sa détestable comédie du *Modéré*, c'était lui que l'acteur Monvel avait eu l'intention de mettre et scène. Je suis bien aise de vous avoir montré les bons effets du modérantisme, et je m'en retourne au Palais-Royal.

— Nous continuerons notre partie après dîner, dit ce personnage en posant le cornet ; voilà, poursuivit-il en dissimulant une envie de bâiller et faisant sonner une de ses montres, voilà qu'il est deux heures et trois quarts à l'horloge du petit Luxembourg, qui est la meilleure de Paris, sans contestation ! Quand on peut faire autrement, il ne faut jamais se désheurer ; ça n'est point sain.

On leur apporta chaudement et l'un après l'autre, une vingtaine de plats exquis, qu'on plaça tout uniment entre eux deux, sur cette petite table, et voilà qu'il arrive une sole frite....

— Assaisonnez-la, c'est un service que vous me rendrez, dit l'homme bourgeonné à son convive. J'ai remarqué que toutes les fois que je dîne sur le bout du banc, comme aujourd'hui, Rousseau ne se donne pas la peine de faire mon service, et il manque toujours quelque chose à mes soles frites; apparemment que les autres ne savent pas s'y prendre?.......... Mais j'entends parler dans le premier cabinet.... Qu'est-ce qu'il y a? Qu'est-ce qui peut faire qu'on veuille entrer pendant que je dîne?....

C'était le citoyen Merlin (de Douai) qui venait avertir Philippe-Égalité que la Convention nationale avait décrété sa mise en accusation, et qu'en attendant son jugement elle venait d'arrêter qu'il allait être conduit dans les prisons de Marseille.

— Mille Dieux! s'écria Philippe-Égalité, en défiant le tonnerre à poing fermé : comment trouvez-vous ces canailles et ces gredins à qui j'ai rendu tant de services inappréciables! J'ai vôté la mort du tyran! j'ai dépensé quatre-vingt-trois millions pour assurer le triomphe de l'égalité, le règne de la liberté, l'indivisibilité de la république, et voilà que les montagnards osent me frapper d'une loi d'exil et d'incarcération? Mais c'est une indignité! c'est une horreur, et j'espère bien que les vrais amis du peuple ne le souffriront pas!.. — Qu'est-ce que vous dites de cela, Montville?

— Monseigneur, lui répondit Montville qui travaillait à préparer leur poisson, et qui s'en occupait de préférence à toute chose, — je vous dirai que ces gens-là sont des égoïstes et des ingrats. Ils ont appris que vous êtes embarrassé dans vos finances : ils supposent que vous avez perdu aussi toute espèce de crédit politique, et comme ils ont obtenu de votre Altesse Sérénissime tout ce qu'ils pouvaient en tirer, ils vous traitent aujourd'hui comme si vous étiez.... *une bigarade,* dit-il en faisant du sourcil et du coin de la bouche une petite mine de réprobation. — C'est absolument comme cette bigarade où je pense bien que je n'ai pas laissé une goutte de jus ; — Et ce disant, le voilà qui jette les deux moitiés de cette orange amère dans la cheminée. — Mille pardons de ce que j'ai fait là ; on est si troublé!.... car en définitive, il est tout-à-fait contrariant de s'en aller jour et nuit à Marseille avec des gendarmes, et je sais bien qu'on ne saurait compter sur la justice et l'humanité de la Convention.... Mais il est inutile de s'appesantir sur ces choses-là, que voulez-vous y faire? ajouta M. de Montville en détachant un filet de sole et faisant observer à M. le Duc d'Orléans que la friture a besoin d'être mangée très-chaude !..............

Cependant la Convention nationale avait décrété que la femme du général Valence et leurs enfans (c'était deux filles de quatre à cinq ans), que le citoyen Sillery-Genlis, la citoyenne Égalité, et son fils aîné, le général ci-devant Chartres ainsi que la citoyenne Montesson (voyez cet amalgame!) allaient être incarcérés comme suspects et maintenus à la disposition de l'accusateur public.

Madame la Duchesse d'Orléans ne voulut pas obtempérer à ce mandat, et ce fut principalement parce qu'elle s'y trouvait désignée sous le nom d'Égalité, nous dit-elle. Elle se fit habiller en paysanne et s'en alla rejoindre son père au chateau de Vernon. Il y eut deux ou trois jours après quatre ou cinq cents patriotes de la section des Petits-Pères qui furent certifier au comité de salut public que la citoyenne Adélaïde, née Penthièvre, était si dangereusement malade d'une fièvre maligne et pernicieuse, qu'il y avait impossibilité notoire à ce qu'elle fût transportée de son lit dans sa prison. Comme cette princesse a toujours été d'une véracité scrupuleuse, vous pouvez compter qu'elle n'était pour rien dans cette menterie, dont elle n'a jamais pu nous donner la clé. M. de Penthièvre imagina que c'était peut-être une manœuvre en exécution d'un calcul de son gendre; mais la conduite du Duc d'Orléans n'était pas toujours susceptible d'explication, et je vous assure que dans les combinaisons de sa politique, ainsi que dans les actes de sa vie privée, il y avait presque toujours autant de maladresse et de manque d'esprit que de perversité.

Philippe Égalité commença par subir un interrogatoire en arrivant à Marseille (1). Il y nia positi-

---

(1) Ce fut à l'occasion de son exil et son séjour en Provence que Mme de Montrond avait composé le couplet suivant, qui circula dans toutes les prisons de Paris.

> Toujours sur l'humide élément
> D'Orléans a fait merveilles,
> Et le grand vainqueur d'Ouessant
> Va, dit-on, ramer à Marseilles.
> Rendez grâce à la liberté
> Qu'il va porter sur nos galères :
> Un amant de l'égalité
> N'y peut rencontrer que des frères.

(*Note de l'Auteur.*)

vement qu'il eût jamais eu des rapports intimes ou suivis avec *l'exécrable* Péthion, le *traître* Dumourier, ni *l'infâme* Mirabeau ; voilà déjà comme on parlait officiellement de ces trois choryphées de la révolution française ; mais toutes ses protestations de jacobinisme ne purent décider les montagnards à prendre garde aux pétitions, aux réclamations pressantes, aux supplications réitérées qu'il ne manqua pas de leur adresser journellement, et l'ordre fut donné de le ramener à Paris pour être écroué dans la conciergerie du Palais, qu'on avait surnommée l'antichambre de la guillotine. Il comparut devant le tribunal révolutionnaire avec un faux air de sécurité, et quand on a publié son interrogatoire, on a remarqué qu'il avait eu la lâcheté de chercher à se défendre au détriment de tout le monde, et notamment aux dépens de Mme de Genlis, qu'il accusa d'avoir *perverti* sa fille (Adèle Égalité) ; comme aussi de s'être *associée* avec Péthion dans un intérêt liberticide.

— Convenez-vous, lui disait-on, que la Sillery est une scélérate adroite et perfide qui a fini par émigrer?

— Il est vrai que *la femme Sillery*, répondait-il avec un mélange de bassesse et de niaiseries nompareilles, *il est vrai que la femme Sillery n'était pas digne de ma confiance, mais je l'ignorais absolument.*

Il entendit proférer son arrêt de mort sans aucune altération de visage, et voilà qui tenait peut-être à la rougeur de sa carnation, car il n'avait pas figure humaine, ainsi que je vous l'ai déjà dit. Il n'avait pas de cœur humain non plus, mais écoutez ce qui va suivre, et voyez jusqu'où peuvent aller la sollicitude et la parfaite charité d'une âme chrétienne.

L'Abbé Emmery, prisonnier à la Conciergerie, nous avait fait dire qu'il était retenu sur son lit par une sciatique qui l'empêchait malheureusement de se pouvoir soutenir sur ses jambes, et qui ne lui permettait pas d'aller proposer son assistance religieuse à M. le Duc d'Orléans, mais il avait eu soin de se concerter avec la femme Richard, à laquelle il désigna un prêtre assermenté dont il avait déjà reçu l'abjuration formelle; et sans lui confier que ce prêtre alsacien ne fût pas resté schismatique, il arrangea qu'elle irait trouver le secrétaire de Fouquier-Tinville, afin d'en obtenir que le prisonnier pût communiquer avec ce prêtre jureur. Elle en obtint cette permission moyennant une rétribution de cent cinquante écus (en argent), qu'elle remit au secrétaire de l'accusateur public et qui furent soldés par notre congrégation de la Régence : admirez les voies de la Providence et cette merveille de la charité !

M. de Mey, l'échappé de Bicêtre, en étouffait de colère. — Et de quoi vous mêlez-vous? disait-il. — Mon Dieu, mon Dieu, que je voudrais bien que tous les saints fussent déjà dans le paradis, et que toutes les dévotes soient en enfer ! — Les saintes-femmes et leurs abbés ne peuvent jamais se tenir tranquilles ; il faut toujours qu'ils viennent se mêler de ce qui ne les regarde point ! Voyez donc la belle affaire et le charmant plaisir que d'aller s'intriguer comme vous faites, et de financer, qui plus est, pour empêcher Philippe-Égalité d'aller au diable ! Quand

on pense à toutes les manœuvres que vous faites, à toutes les prières que vous dites, à toutes vos intrigues, vos neuvaines, vos écritures et vos conciabules, et surtout à vos colloques avec cette femme Richard, que Dieu confonde............ et tout cela pour empêcher que ce monstre-là ne soit damné !
— C'est pour en écumer de rage !..........

Le Duc d'Orléans déjeûna de grand appétit en attendant la fatale charrette, et l'on a su qu'il avait bu du vin de Champagne (et copieusement) afin de s'étourdir ou de se donner un air assuré. Il avait pour compagnons le général Coustard avec trois autres personnages obscurs, dont un serrurier nommé Labrousse, qui se débattit pendant long-temps et qui s'écriait avec une indignation révoltée : — C'est vrai, je suis condamné à mort ; mais le tribunal ne m'a pas condamné à être conduit à l'échafaud dans la compagnie et dans la même charrette que cet abominable scélérat, que cet infâme d'Orléans !.....

On fut obligé de le garotter (le serrurier Labrousse) et de l'attacher à la cloison du tombereau. Cet abominable Égalité fut accablé d'injures et poursuivi d'imprécations depuis la place du Palais de justice jusqu'à celle du Palais-Royal, où les conducteurs de la charette avaient reçu l'ordre de s'arrêter pendant quelque temps en face de la grande porte. On n'avait pas manqué d'écrire sur la frise du péristyle, en caractères gigantesques et des trois couleurs ; *Liberté*, *Égalité*, *Fraternité ou la Mort*. Propriété Nationale ; et l'on dit qu'en apercevant ces derniers mots de l'inscription, cet héritier du Palais-Royal avait proféré colériquement une parole obscène, un jurement ignoble.....

— *Madame Lamballe et Louis Capet!* lui criait-on de partout dans la foule. — *Dix-huit janvier!* — *Vingt et un janvier!* — *Souviens-toi de la mort du tyran; c'est à ton tour aujourd'hui! Va donc, va donc; Tu vas être raccourci par égalité!...* et puis des brutalités immondes et des huées de mépris; des clameurs bestiales avec des rugissemens féroces et des explosions de tout cela si véhémentes et si prolongées, qu'on les entendit à l'hôtel de Damas, rue du Roule, et plus d'un quart d'heure encore après la fin de l'exécution.

Vous voyez quelle était l'opinion publique et la disposition des esprits au sujet du Duc d'Orléans ; disposition générale, universelle ; et j'en étais restée là *ne varietur;* mais vous savez que j'ai de la droiture, et vous allez voir combien j'écris pour vous en parfaite conscience et pure vérité.

Quelque temps après notre sortie de prison, l'Abbé Emmery me fit dire que le prêtre alsacien qu'il avait trouvé moyen de faire introduire auprès de M. le Duc d'Orléans, se trouvait en état d'arrestation, dans son pays, à cause de la rétractation de son serment de la constitution civile du clergé qu'il avait eu le courage de publier à Strasbourg et d'y faire afficher à la porte de la cathédrale. Mais l'Abbé Emmery me faisait assurer que le Duc d'Orléans, ce déplorable objet de la colère de M. de Mey, n'était pas mort dans l'impénitence finale, et qu'on pouvait en donner l'heureuse nouvelle à Mme la Duchesse d'Orléans, qui la recevrait sans aucun doute, avec autant de sensibilité que de surprise. Je m'acquittai de cette bonne œuvre avec empressement et satisfaction; Mme la Duchesse d'Orléans en éprouva toute la consolation possible; mais on ne savait comment retrouver ce bon prêtre, afin d'en obtenir quelques détails, et le ciel voulut que l'excellent Abbé Sicard entendît parler de notre embarras (1).

Il connaissait Mme de Kellerman, femme d'esprit et femme de bien (2); son mari était Strasbourgeois, et de l'un à l'autre, on parvint à découvrir cet ecclésiastique, après deux années de recherches pourtant, car un motif de grand embarras était la quantité de prêtres alsaciens qui avaient prêté le serment constitutionnel et qui l'avaient rétracté. Si l'Abbé Sicard en vint à nos fins, ce fut grâces à Mme de Kellerman qui lui fit parvenir la lettre suivante; et vous pouvez compter que je l'ai copiée très exactement avant de l'envoyer en Espagne à la malheureuse fille de M. de Penthièvre.

---

(1) Roch-Ambroise Sicard, chanoine de Notre-Dame de Paris, directeur de l'institution des Sourds-Muets, et successeur de l'abbé de Lépée dont il avait singulièrement perfectionné la méthode. Mme de Créquy n'aurait pu trouver une épithète qui fût plus parfaitement applicable à l'abbé Sicard que celle d'*excellent*. Il est mort à Paris en 1822, âgé de 79 ans.

(2) Tout donne à penser que l'auteur entend parler ici de Mme la Maréchale-Duchesse de Valmy, à qui ce double éloge pouvait s'appliquer avec la même exactitude. (*Note de l'Éd.*)

Au citoyen Sicard, ministre du culte catholique, & directeur des sourds et muets, rue Saint-Jacques, à Paris.

« A Hann, département du Haut-Rhin,
« ce 27 juillet. »

« En ce moment, Monsieur, je sors des prisons,
« où j'ai été conduit pour avoir rétracté le serment
« de 1791, et pour avoir fait une rétractation *aussi*
« *incendiaire et capable de séduire tout le monde,*
« comme il plaisait de dire aux constitutionnels
« schismatiques de ce pays. Arrivé chez moi, je
« trouve une lettre de votre part datée déjà du
« 25 avril dernier. La crainte de me compro-
« mettre avait empêché de me l'envoyer dans les
« prisons d'Épinal, et je m'empresse de vous ré-
« pondre.

« A l'égard de M. le Duc d'Orléans, vous pou-
« vez assurer Mme la Duchesse, son épouse très
« respectable, vraiment pieuse et vraiment digne
« d'un autre époux, que j'ai reçu une permis-
« sion de la part de Fouquier-Tinville, accusa-
« teur de l'infâme tribunal révolutionnaire, pour
« aller donner les derniers secours de notre religion
« à M. le Duc d'Orléans.

« Arrivé à la Conciergerie, je le trouve assez dis-
« posé à m'écouter, mais un homme ivre dont je
« ne sais pas le nom, et en même temps condamné
« pour avoir, comme je crois, jeté du pain dans les

« latrines, nous a déroutés par d'horribles blas-
« phèmes que dans son ivresse et son désespoir il
« vomissait contre la religion et ses ministres. Cet
« homme a tout fait pour empêcher M. le Duc d'Or-
« léans de se confesser et d'avoir confiance à un
« prêtre. Inutilement les gendarmes présens lui
« imposaient silence. Tout-à-coup, par une provi-
« dence spéciale, l'homme ivre commence à s'en-
« dormir jusqu'à l'arrivée des exécuteurs; M. le
« Duc d'Orléans me demande si je suis le prêtre
« allemand duquel lui avait parlé la femme Richard,
« femme du concierge de la Conciergerie, et si j'é-
« tais *dans les bons principes de la religion*. Je lui ai
« dit que, séduit par l'évêque de Lydda, j'avais
« prêté le serment; qu'il y avait long-temps que je
« m'en repentais; que je n'avais jamais varié de
« principes dans ma religion; que je n'attendais que
« le moment favorable pour m'en défaire. M. le
« Duc d'Orléans alors se mettant à genoux, me de-
« manda s'il avait encore assez de temps pour faire
« une confession générale. Je lui dis que oui et que
« personne n'était en droit de l'interrompre, et il
« fit une confession générale de toute sa vie.

« Après sa confession, il me demanda avec un
« repentir vraiment surnaturel, si je croyais que
« Dieu pouvait le recevoir au nombre de ses
« élus?.....

« Je lui ai prouvé par des passages et des exem-
« ples de la sainte Écriture, que son repentir, sa
« résolution héroïque, sa foi en la miséricorde in-
« finie de Dieu, sa résignation à la mort le pour-
« raient sauver infailliblement.

« Oui, me répondit-il, que Dieu me pardonne
« comme je pardonne moi-même. J'ai mérité la mort
« pour l'expiation de mes péchés ; j'ai contribué à
« la mort d'un innocent, mais il était trop bon
« pour ne me point pardonner, et Dieu nous re-
« joindra tous deux avec saint Louis.

« Je ne peux assez exprimer combien j'étais édi-
« fié de sa résignation, de ses gémissemens, de ses
« désirs surnaturels de tout souffrir dans ce monde
« et dans l'autre pour l'expiation de ses péchés,
« desquels il me demanda une seconde et dernière
« absolution au pied de l'échafaud. Voilà, M. l'Abbé
« Sicard, de quoi vous pouvez, en toute sûreté, as-
« surer cette pieuse épouse, pour la tranquilliser à
« cet égard (1) »

Signé, LOTHRINGER,
Prêtre catholique.

J'ai vu M. Lothringer et plusieurs fois. C'est un Germain des anciens temps, un bon prêtre, un homme simple dans sa foi, simple dans ses œuvres, et je ne saurais suspecter aucune partie de son récit d'infidélité. A dessein d'inspirer plus de confiance à Mme la Duchesse d'Orléans, j'avais désiré qu'avant

---

(1) Il paraît que M. l'abbé Sicard avait donné copie de cette lettre à l'oncle de M. l'Evêque du Mans, feu M. l'abbé Caron, et ceci peut expliquer comment la même lettre se trouve imprimée dans les *Annales Catholiques* (tom. IV, pag. 41).

(*Note de l'Éditeur.*)

de l'envoyer en Espagne, il se pourvût de quelque bonne attestation d'un de ses anciens supérieurs ecclésiastiques ; et voici le certificat dont il était porteur. Il est délivré par un prélat tudesque appelé M. de Kolborn, et je trouvai que les formules de son officialité n'étaient pas des plus honnêtes.

« Nous soussigné, Évêque suffragant de son Al-
« tesse Électorale Monseigneur l'Électeur Arche-
« vêque de Mayence et de Ratisbonne, Primat de
« Germanie, Archi-Chancelier du Saint Empire
« Romain, Évêque et Prince de Constance, Souve-
« rain Comte de Westlaer, Erfurt, Aschaffem-
« bourg, etc, déclarons et mandons à tous qu'il
« appartiendra, sur ce nous trouvant suppliés par
« plusieurs personnes de France dignes d'estime
« et d'égard, auxquelles personnes nous avons bien
« voulu rendre le présent service et donner la pré-
« sente marque de notre bienveillance pastorale,
« que le sieur abbé Lothringer est un sujet très
« digne d'estime, qu'il mérite la plus grande con-
« fiance, et que foi doit être prise en ses dire et dé-
« clarations, parfaitement. Nous pouvons ajouter
« par ordre de son Altesse Electorale qu'elle ho-
« nore ledit sieur abbé Lothringer de sa protection
« comme aussi d'un sentiment bien particulier, ce
« qui doit suffire superabondamment à ces dites
« personnes pour en porter un jugement convena-
« ble à son mérite et sa vertu. En foi de quoi nous
« lui avons délivré le présent. Erfurt, ce onzième
« jour du mois de novembre en l'an du salut 1797,

« après l'avoir signé de notre main, fait contre-
« signer par notre secrétaire, et y avoir fait opposer
« le sceau de nos armes.

« *Signé,* † W. Évêque de Capharnaum.

« *Et plus bas,* Richter. Of. de Ratisbonne.

L'Abbé Lothringer m'a dit que son pénitent avait paru réellement touché de la grâce en arrivant en face de la guillotine. Il s'agenouilla sur la première marche de l'échafaud pour lui demander une dernière absolution, et comme cette épouvantable rumeur du peuple empêchait de s'entendre, et que le condamné parut en éprouver de la contrariété, il répondit à son confesseur qui l'exhortait à la résignation chrétienne, au pardon des injures........
— *Je ne leur en veux pas du tout, mon père, je vois bien à présent que ma condamnation vient de plus loin et de plus haut! Donnez-moi votre bénédiction, ne quittez pas la place avant que je ne sois mort! Vous êtes un homme de Dieu, mon père.....* et de grosses larmes tombaient de ses yeux.

Ce bon prêtre ajoutait que lorsque le bourreau l'eût dépouillé de son habit, les valets de cet officier, à qui toutes les dépouilles des suppliciés appartiennent, avaient entrepris de lui retirer ses bottes :
— *Ecoutez les derniers vœux d'un mourant,* lui dit-il avec un air de Prince ; *il me semble que je suis en état de paraître devant Dieu; je suis bien aise de mourir le plus vite possible. Dépêchons-nous, vous allez débotter*

mon cadavre avec plus de facilité...... Voilà ses dernières paroles, et voilà, grâce à Dieu ! les derniers sentimens qu'il ait eu le temps d'éprouver...

— C'est bien ! c'est très bien ! disait M. de Mey, tout en nous grommelant cette belle épitaphe de Piron qu'on appelle en rime académique *à trois lettres*.

« Cy dessous gît comme une bûche
« Ce misérable Scaramouche
« Qui fut tué d'un coup d'hallebarde:
« Dieu lui fasse miséricorde. »

— Mon cher Monsieur, répondait l'Abbé Texier, vous n'avez appris ou retenu qu'une partie de votre catéchisme. Vous savez très bien ce qu'il faut *croire*, mais vous ne savez pas ce qu'il faut *faire*, et vous ne savez pas du tout ce qu'il faut *éviter*. Priez le bon Dieu de vous faire miséricorde ainsi qu'au Duc d'Orléans!

CHAPITRE VIII.

Chute de Roberspierre. — Séance du 9 thermidor. — Journaux démentis par un Bulletin royaliste. — Roberspierre au comité de salut public. — Description de cette scène d'après un témoin oculaire. — Le valet observateur. — Opinion de l'auteur sur les causes du 9 thermidor. — Péril de mort pour l'auteur. — Le moine apostat. — Mandat pour la guillotine. — Erreur de noms et de personne. — Mise en liberté de Mme de Créquy.

En exécution du rapport de Robespierre et du beau mouvement religieux qui s'ensuivit, la Convention nationale avait décrété que le peuple français reconnaissait *l'existance d'un être suprème et l'immortalité de l'âme*, ce qu'on inscrivit sur le portail de toutes nos églises. On y voyait également cette autre kirielle de formules obligatoires écrite en lettres énormes et couvrant la façade de tous les monumens publics: *Liberté, Égalité, Fraternité, ou la Mort. Indivisibilité de la République française. Haine aux Tyrans. Propriété Nationale. Mort aux Despotes et Guerre au gouvernement anglais.* La république française avait le goût des inscriptions, et c'était à cet excès de manie pour les écritures en plein vent que l'empereur Adrien ou l'empereur Trajan n'y auraient fait œuvre. Constantin se moquait toujours de ces deux Augustes, en les appelant *tapissiers de murailles et pariétaires,* et puisque nous savons que l'Empereur Constantin se moquait de son prédécesseur Trajan, il est permis de se moquer de M. Fleurus-Guillot qui composait toutes ces inscriptions républicaines.

Robespierre avait assisté à la fête et la procession de l'être suprême avec un bouquet de roses à la main ; ensuite il avait mis le feu à un mannequin représentant l'athéisme, c'est tout ce que je me rappelle du programme, et ceci lui fut imputé à superstition fanatique, à bigoterie, peut-être? On lui supposa d'après le sermon qu'il avait fait à cette fête, je ne sais quelle tendance à la théocratie, et je vous réponds que ces patriotes-là furent plus intelligens que votre grand' mère, car je n'ai jamais rien entendu lire d'aussi profondément ténébreux et de plus incompréhensible que ce discours de Robespierre ayant un bouquet de roses à la main.

Je ne sais si c'était à raison de son théosophisme ou de son despotisme qu'il s'était fait un si grand nombre d'ennemis parmi les terroristes de la montagne et les autres buveurs de sang, mais il fut précipité du faîte de la puissance au pied de la guillotine, inopinément, sans que nous pussions nous expliquer le motif humain qui pouvait déterminer un si grand acte providentiel, une si merveilleuse exécution de la justice divine? On a dit qu'il aurait comploté contre la vie d'une trentaine de scélérats, tels que Thuriot, Fréron, Collot-d'Herbois et Tallien, qui étaient des charansons de même farine, ou des scorpions de même roche que lui. Mais ces prétendus soleils de justice n'avaient jamais été ses rivaux qu'en scélératesse, et si l'on supposait telle chose qu'un firmament du crime, un empyrée de l'enfer, on pourrait les comparer à de petites étoiles qu'un astre *jaloux*, comme disaient les vieux poètes, aurait fait graviter dans son système, en les entraînant dans un tourbillon funeste et les astreignant à toutes les lois de son mouvement.

Pourquoi donc cette conjuration contre des satellites asservis, des corps assouplis et des âmes vendues à toutes les volontés de Roberspierre? je ne saurais m'expliquer les intentions qu'on lui prête afin d'expliquer sa chute, et j'aime mieux croire que la fin de son règne avait été marquée par un décret de la Providence. Je n'ai jamais trouvé dans tous les discours et les actes de la Convention aucune autre raison qui pût déterminer si brusquement cette catastrophe, et je ne lui connais aucun motif raisonnable, humainement parlant.

On nous écrivit en prison qu'il y avait eu beaucoup de mouvement dans l'auditoire au tribunal révolutionnaire, à propos d'un artisan nommé Dutertre, qu'on venait de condamner à mort pour avoir envoyé de l'argent à sa fille et à son gendre, qu'on disait émigrés, tandis qu'il ne paraissait pas avoir plus de vingt-cinq à trente ans. Quand Fouquier-Tinville lui reprocha d'avoir fait passer du numéraire national à son *exécrable progéniture*, et qu'il voulut s'en disculper en parlant de son âge, — *tu n'as pas la parole*, interrompit l'accusateur public, et il ordonna de le conduire immédiatement à l'échafaud, parce qu'il avait entrepris de troubler l'audience.

La populace en éprouva de l'émotion ; on en parla jusque dans les comités conventionnels, et Carnot se disputa contre Roberspierre qui paraissait approuver la rigueur de Fouquier-Tinville. C'était le premier symptôme de dissention qui se fût manifesté dans le comité de salut public, et ce fut deux ou trois jours après que le même Carnot s'emporta contre Roberspierre, en séance publique, en lui reprochant d'aspirer à la dictature, et s'écriant : *Point de dictateur! à bas le dictateur!*

Il y avait là je ne sais quel autre patriote qui s'approcha de Roberspierre en lui mettant le poing sous le nez. — Que tous les français périssent, cria celui-ci, que tous les Français périssent s'il le faut, mais que la liberté triomphe! O toi que j'avais cru le plus vertueux des hommes ! si tu pouvais conspirer contre la liberté de ma patrie, je n'y survivrais pas ! Non ! je prendrais ma tête par les cheveux, je la couperais, et te l'offrant comme le plus bel exemple que l'on puisse donner à un despote, je te dirais *Tiens, tyran, voilà l'action d'un homme libre!*.....

Il paraît que Tallien voulut profiter de la circonstance, et qu'il se mit à parler du poignard de Brutus dont il montra le manche avec la gaîne, en ajoutant qu'il s'en était muni pour immoler un nouveau César.

— *A bas le tyran !* s'écria-t-on de partout dans la salle, à bas le tyran ! à bas ! à bas !... et voilà toute la Convention nationale en insurrection contre Roberspierre qui ne sait auquel entendre. On l'accable de reproches, de menaces et d'invectives, on lui refuse la parole, on ne lui permet seulement pas d'ouvrir la bouche, et finalement on le met en état d'accusation et d'arrestation. Il se trouva chassé de cette assemblée comme le bouc Hazael, après avoir été chargé de toutes les iniquités de la tribu judaïque, et quand on eut décidément arrêté que c'était lui qui avait commis tous les crimes de la révolution, voilà tous ces égorgeurs et ces autres buveurs de sang royal et de sang chrétien qui se mettent à s'en laver les mains avec un air d'innocence et de purification parfaite. Je ne m'attendais pas à la sensibilité de Barrère, et l'humanité de Carnot me confondit.

On s'empressa de conduire Roberspierre à l'Hôtel-de-Ville, et chemin faisant (sur le quai de Gèvres), un sectionnaire approcha de son fiacre et lui tira dans la mâchoire un coup de pistolet à bout portant. On ne manqua pas d'imprimer et d'affirmer qu'il avait entrepris de se suicider, mais je m'en rapporte à ce bulletin qu'on nous envoyait de la commune, et qui méritait plus de créance que les journaux conventionnels et subventionnés.

Cependant le parti de la commune et le club des Jacobins se mettent en grande agitation pour délivrer l'incorruptible Maximilien, *le vertueux Roberspierre, qui fit décréter les principes consolateurs de l'existence d'un être suprême et de l'immortalité de l'âme,* voilà ce que publiait le citoyen Lescot, maire de Paris, dans sa proclamation. Les Jacobins disposent une insurrection générale; la commune fait sonner le tocsin contre la Convention; le commandant général Henriot, vient assiéger les Tuileries et fait pointer des canons contre les représentans du peuple; mais toutes ces dispositions-là ne purent avoir aucun effet par une raison qui vous paraîtra singulière en pareille occasion, c'était parce que ce commandant général de la force armée se trouvait ivre-mort.

Le tumulte n'en était pas moins grand et moins effrayant dans tout Paris; mais la Convention tint ferme (elle avait un décret de la providence à faire exécuter); la grande majorité de la population, c'est-à-dire tout ce qui n'était pas sans-culotte et salarié par la commune, accourut successivement autour de l'assemblée; les malheureux Parisiens s'encourageaient les uns les autres, et plusieurs milliers de gardes nationaux entouraient déjà l'Hôtel-de-Ville, en demandant le jugement et la condamnation de Roberspierre, à grands cris! Toutes les rues voisines de la place de Grève furent occupées par la garde parisienne, et dans un pareil moment, où la population reste toujours indécise et où Paris n'appartient à personne, c'est ainsi que les antagonistes de Roberspierre ont obtenu ce grand succès qui n'aurait pas manqué de leur échapper si les patriotes de la commune et les Jacobins n'avaient pas eu le général Henriot pour commandant.

Immédiatement après la dispersion des Jacobins, les honnêtes gens et surtout les jeunes gens de Paris affluèrent tellement à l'Hôtel-de-Ville, que les sectionnaires chargés d'y garder Roberspierre et ses consorts, ne purent en défendre les portes qui furent enfoncées à coups de madriers. On a dit que c'était alors que Roberspierre s'était blessé d'un coup de pistolet; mais on a dit aussi que c'était une supposition de Tallien qui aurait eu ses raisons pour dissimuler la vérité sur l'origine de cette blessure.

Roberspierre le jeune se jeta par une fenêtre et se fendit la tête sur le pavé de la place de Grève. Lebas, qui voulut résister, fut tué par un jeune homme de seize ans dont il avait fait guillotiner la mère et le frère aîné. On enleva cet affreux Couthon qui était cul-de-jatte et perclus, et qui s'était fait porter dans le fond d'une garde-robe ; enfin l'on découvrit l'infâme Henriot qui s'était caché dans l'égout de l'arcade Saint-Jean dont on fut l'arracher avec des crocs et des crampons de fer : quelle scène infernale !

Je ne sais comment il se fit qu'avant de les conduire au tribunal révolutionnaire, où les attendait Fouquier-Tinville, afin de les expédier à l'échafaud, on les fit entrer dans le château des Tuileries, et justement dans l'appartement de la Reine, où siégeait le comité de salut public ! On y jeta Roberspierre sur le milieu d'une grande table où il avait souscrit tant d'arrêts sanguinaires, et presque tous les conventionnels y vinrent à la file pour l'accabler d'injures et d'exécrations. Il n'avait obtenu, pour couvrir sa plaie, qu'un lambeau d'écharpe tricolore, et pour essuyer le sang et la sanie qui découlaient de sa bouche, il n'avait autre chose que des feuilles de papier qui se trouvaient à sa portée et qui étaient peut-être des sentences de mort écrites par lui ?

Il y eut un vieux homme en habit de gendarme, qui dit avec une voix lugubre en étendant la main sur cette horrible tête : *c'est vrai qu'il existe un être suprême !* et René Dupont vous dira que tous les auditeurs parurent frappés, les uns d'inquiétude et les autres de satisfaction.

René Dupont voyait toutes choses et les voyait exactement bien. Je lui avais permis de s'habiller en carmagnole; mais il ne pouvait se décider à se coiffer d'un bonnet rouge, et pour ne donner aucun signal de méfiance avec un chapeau sans cocarde, il avait pris le parti d'aller toujours nue-tête, avec sa profusion de cheveux roux en si bel ordre, qu'il en avait l'air d'un terroriste accompli. Les choses qu'il me rapportait ne manquaient jamais d'exactitude, et si vous êtes curieux des scènes de voirie pendant la révolution, faites-le parler.

Roberspierre accompagné de ses principaux affidés, au nombre d'une vingtaine, ne fit qu'apparaître et disparaître devant le tribunal révolutionnaire, et suivant la règle qu'il avait faite, on se contenta de reconnaître son identité. On fut obligé de le coucher au fond du tombereau, parce qu'il était déjà moitié mort de frayeur et de souffrance. On eut beaucoup de peine à le faire parvenir jusqu'à la guillotine; et par deux fois, la charrette fut arrêtée par des furieux qui demandaient à le déchirer. Il est certain qu'on abandonna son cadavre à la rage du peuple, et ce qui n'est pas moins assuré, c'est qu'il était resté l'idole du peuple jusqu'au moment de sa mise en accusation. Tout ce que je vous raconte ici fut l'affaire de vingt-quatre heures, et voilà ce qu'il est convenu d'appeler le *neuf thermidor.*

Je n'en éprouvai d'abord aucun sentiment de confiance; il me paraissait tout-à-fait indifférent pour nous que les bourreaux de notre patrie s'appelassent Tallien, Carnot, Roberspierre ou Collot-d'Herbois; je pensais qu'en résultat de cette péripétie conventionnelle, il n'y aurait autre chose de changé pour nous que le nom du tyran : j'en ressentais, et c'était pour la première fois depuis la révolution, du trouble dans les idées avec des prévisions sinistres; vous allez voir que ce n'était pas sans motif, et vous savez ce que je vous ai déjà dit sur mes pressentimens.

Parmi les employés supérieurs de notre prison, il se trouvait un ancien récollet, nommé Dasny, qui remplissait les fonctions d'adjoint au greffier, et qui m'avait pris dans une aversion que je lui rendais au centuple, attendu qu'il s'y joignait toute l'horreur et tout le mépris qu'on doit éprouver pour un renégat. Cet homme avait entrevu quelque chose de nos relations avec l'extérieur, et malgré sa dépendance à l'égard de notre chef de geôle, il en fit l'objet d'une dénonciation qui n'eut aucun résultat parce qu'il avait gardé l'anonyme avec prudence, et surtout parce que notre geôlier normand était la créature de Tallien qui le défendit envers et contre tous. Nous avons eu lieu de penser qu'il revenait quelque chose à Tallien de nos contributions hebdomadaires; mais c'était peut-être un jugement téméraire, et dans tous les cas c'était un motif de sécurité pour nous; ne me le reprochez pas.

Il ne faut pas supposer que la mort de Roberspierre ait déterminé sur-le-champ la fin de la terreur. — Nous ne voulons pas devenir des modérés, s'écriait Tallien du haut de la tribune, et tout ce que nous demandons, c'est que les contre-révolutionnaires soient condamnés *avec décence*. Nous ne pouvons pas garder en prison trois cent mille personnes, et je demande le prompt jugement de toutes celles qui sont incarcérées en vertu de la loi contre les suspects !

Parmi les griefs articulés pour obtenir la condamnation du président du tribunal révolutionnaire, il n'était fait aucune mention d'avoir fait égorger quatre mille personnes innocentes, et tout ce qu'on reprochait à ce fameux Dumas, c'était d'avoir *calomnié le patriotisme du vertueux Collot-d'Herbois et du sage Tallien*. Dans toutes les inculpations proférées contre Roberspierre, il n'était question d'aucun autre méfait que d'avoir voulu faire proscrire certains représentans du peuple, et du reste, Fouquier-Tinville était encore accusateur public, et la guillotine était encore en permanence à la barrière du Trône, à la fin d'août 1794, c'est-à-dire un mois après le 9 thermidor; ainsi jugez si le troisième décadi de ce mois républicain (bon jour, bonne œuvre !) notre méchant récollet ne se trouvait pas encore en position de me faire conduire à l'échafaud.

Il se trouva donc que le nonidi 29 thermidor, notre geôlier s'était absenté pour une course d'affaires, ce qui nous causait toujours des transes mortelles, attendu que tout le régime intérieur de la maison se trouvait alors soumis au citoyen Dasny qui profitait de l'absence du C^{en} D. T.... pour nous tyranniser. Cet homme vint m'ordonner de descendre pour être conduite au tribunal révolutionnaire, et pour monter sur la charrette où se trouvait déjà la Comtesse de Narbonne; il ajouta que la *fournée* n'attendait plus que moi, et je vous puis assurer que je m'y résignai courageusement. La seule idée pénible qui me traversa l'esprit était la vôtre, et je me sentis bien douloureusement émue, lorsque je pensai que je ne vous reverrais plus jamais, mon aimable enfant !.... Je fis plusieurs rouleaux de mes papiers à l'adresse du C^{en} D. T.... pour qu'il en fît bonne remise ; je fis mes adieux à tous nos comprisonniers vieux et jeunes, et je me souviens qu'Olympe de Neuillant pleurait à chaudes larmes en disant à ce maudit récollet qui souriait dans sa barbe : — Quelle inhumanité, citoyen ! comment pouvez-vous envoyer à la mort une femme si vertueuse, une femme de cet âge-là ?....

— Ma pauvre enfant, lui répondis-je, on n'est d'aucun âge en ce temps-ci, tout le monde a qua-quatre-vingt-quinze ans.... Ne sortez pas de ma chambre avant le retour du citoyen D. T.... Et Dasny me pressait de partir avec une précipitation féroce.

Il me restait quelques mots à dire à l'Abbé Texier et quelques paroles à recevoir de lui, d'où vint que je m'en allai dans sa chambre, en dépit du moine apostat qui m'obsédait.

— Tu n'en finiras donc jamais, s'écria le charretier, vieille aristocrate, vieille autocrate, vieille calotinocrate-aristocruche, et je ne sais plus combien d'autres épithètes à l'avenant de celles-ci. — Dis-moi tes noms et bonnes qualités pour mon registre.....

— C'est à vous à savoir mes noms, lui répondis-je tristement, et je n'ai jamais pris des qualités pareilles à celles que vous me donnez.

— Mais, la mère, je ne vous ai pas dit des sottises, me répond cet homme, et c'était pour la chose de rire avec vous sans vous insulter du tout; je ne vous ai rien dit qui soit pour vous chagriner, pour le respect de l'âge et de votre sexe.....

— Allez donc vite et finissons-en!.... reprenait Dasny d'une voix d'autant plus troublée qu'on entendait sonner à la grande porte........

Hélas, mon Dieu, c'était précisément notre geôlier qui se fit montrer les cédules de Fouquier-Tinville, et qui se mit à dire : — Allons donc! ce n'est pas la veuve Créquy-Froulay dont il s'agit; c'est la femme Créquy du Muy; Marie-Thérèse du Muy, femme Créquy, qu'on a dénoncée comme étant rentrée d'émigration....

— Vous pouvez retourner là-haut, citoyenne.... et je regardai cette pauvre Mme de Narbonne avec une sorte de honte, avec un sentiment si pénible et si douloureux, avec un cœur tellement brisé, que j'en suis restée dans un état d'angoisse et d'abattement qui m'a duré plus de six mois.

Si j'avais pourtant négligé cette petite conférence avec l'Abbé Texier, ou si le ciel avait permis que le geôlier des Oiseaux fût arrivé dix minutes plus tard, je m'en allais au tribunal révolutionnaire où l'on m'aurait dit que je n'avais pas la *parole*, et je montais à la guillotine sous le nom de votre pauvre mère, avec Mme de Narbonne et ses trois compagnons qui étaient des paysans vendéens.... C'est justement quinze jours après que je suis sortie de prison (1).

---

(1) Le rédacteur des *Mémoires de M. de Pougens*, y rapporte ce curieux épisode de la vie de madame de Créquy à peu près de la même manière. (*Note de l'Éditeur.*)

CHAPITRE IX.

Isolement et impression pénible de l'auteur. — Liste de ses parens et amis suppliciés. — Anecdotes sur la Duchesse de de Gèvres. — Traité conclu pour un archevêque espagnol avec Tallien. — Philanthropie révolutionnaire. — Le commissaire de bienfaisance et le Vendéen. — Lettre trouvée dans les papiers de Roberspierre. — Lettre du Dieu Saint-Simon et prospectus de son entreprise industrielle sur les cartes à jouer. — Les dernières obsèques de Marat. — Le *Réveil du peuple*.

Vous pouvez penser dans quel état d'anéantissement et de confusion je trouvai la société française et parisienne en sortant de ma geôle; mais vous ne sauriez imaginer dans quel état d'isolement et d'abattement je me trouvai à l'hôtel de Créquy. La prison ne m'avait jamais paru aussi mortellement triste que ma maison, et tout aussitôt que je fus délivrée de ces idées continuelles de supplice et d'échafaud, je tombai dans un état que je n'avais éprouvé de ma vie; c'était le trouble du chaos dans un vide affreux, et je me surprenais quelquefois à regretter ma captivité, à regretter mes compagnons de prison, cette espèce de fraternité du malheur, cette familiarité de circonstance, qui ne pourrai plus exister entre nous et qui, du moins, m'avait préservée de l'ennui; et puis, cette liberté qu'on venait de me rendre, il me semblait que je ne saurais qu'en faire. Au milieu de Paris en 94, on risquait d'être égorgé dans sa maison; j'avais regret à nos portes massives, à nos surveillans, nos porte-clés, nos dogues; il n'était pas jusqu'au banc du jardin des Oiseaux que je ne regrettasse, et c'était, par-dessus tout, les petits enfans du geôlier que je regrettais. Quand il me revenait des lueurs de raison, — apparemment, disais-je, à part moi, que je vais revenir en enfance; on y retomberait à moins, et j'en prenais mon parti.

Mon fils avait trouvé bon de vous emmener sur la frontière de Suisse pour y voir votre mère. J'avais perdu M. de Penthièvre, et sa fille était exilée. On avait supplicié mon neveu du Châtelet, sa femme et la Duchesse de Gramont, la Princesse de Monaco, ma nièce de Lauzun, son mari, le Maréchal et la Maréchale de Mouchy, le Marquis de Neuillant, le Comte de Vergy, l'Abbé de Goyon; Mesdames de Renty, de Lesdiguières, de Canaples, et jusqu'à cette pauvre Maréchale de Noailles! Enfin, sans vous parler de nos parens et amis qui étaient morts ou qui se trouvaient encore en émigration, j'avais perdu de compte fait, dix ou douze personnes de ma société la plus intime, et tout au moins de ma connaissance la plus familière. Il n'y avait pas jusqu'au Chevalier de Florian qui ne fût mort de la révolution, mais c'était de frayeur ou de chagrin (1). Il ne restait plus de notre bon temps que la Duchesse de Fleury, l'Évêque de Marseille et le Duc de Nivernais; aussi vous dirai-je en passant, que lorsque Mme de Gèvres ou la Princesse de Tingry voudraient parler de quelque chose en faisant les entendues, nous les appelons Mignonne, et nous les traitons de petites morveuses. A propos de la Duchesse de Gèvres et de la révolution, je vous dirai quelque chose de singulier.

Elle avait donné à un émigré de ses parens une lettre de recommandation pour l'Archevêque de Burgos dont elle ne connaissait que le titre ecclésiastique et dont elle n'attendait pas grand'chose; et voilà tout aussitôt *la présente reçue*, que ce bon Archevêque établit l'émigré dans son palais, à titre d'infant du chapitre et de commensal à la prébende. Ensuite, en prélat mémoratif et vrai castillan qu'il était, il se mit à réfléchir sur la manière dont il pourrait être utile à Mme de Gèvres, à l'héritière de Bertrand du Guesclin, Connétable de France et de Castille, Duc de Molina, Comte de Burgos et bienfaiteur de sa Métropole au quatorzième siècle?

(1) Jean-Pierre de Claris de Florian, Chevalier des Ordres royaux et militaires de Saint-Louis et de Notre-Dame du Mont-Carmel, Gentilhomme de la Chambre de S. A. S. Monseigneur le Duc de Penthièvre, Capitaine de dragons, etc., né à Florian en Albigeois en 1755, mort à Sceaux-Penthièvre, en 1794. (*Note de l'Auteur.*)

Le moyen dont il s'avisa, ce fut d'envoyer à Paris un Andaloux auquel il ouvrit, chez le consul d'Espagne, un crédit de vingt mille piastres *fortes*, à ce que disait l'abbé Texier. L'Andaloux se fit recommander à Tallien dont la femme était Espagnole. Tallien donna ses instructions et laissa des notes au secrétaire du comité de salut public, en conséquence des piastres fortes, et voilà pourquoi Tallien n'a décessé de protéger votre tante de Gèvres qui n'y comprenait rien du tout. Seulement, quand elle apprit qu'il était venu recommander au greffier de ne jamais la laisser comprendre dans les *fournées* : — C'est peut-être bien parce que je suis sa marraine? j'ai tenu, disait-elle, un si grand nombre d'enfans pendant les six semaines que j'ai passées à Saint-Florentin, chez mon oncle de la Vrillière! et je pense bien que cet enragé doit s'appeler *Bertrand*, ce qui ne me fait aucun plaisir; mais je vous dirai que c'est un prénom que nous appliquons d'habitude en mémoire de notre bon Connétable.....

Au lieu de s'appeler *Bertrand*, on apprit que son prétendu filleul avait nom *Lambert*; et ce que j'en aimais le mieux, c'est qu'il se trouva que ce fameux voyage de Mme de Gèvres à Saint-Florentin, voyage au long-cours, en Auxerrois, à 56 lieues de Versailles, avait eu lieu pendant l'été de 1778, de sorte que cet ancien proconsul à Bordeaux, ce terrible Tallien, n'aurait pas eu tout-à-fait seize ans révolus, à ce compte-là ?

Une infirmité naturelle à cette bonne femme est de se persuader tout ce qu'elle veut croire et de ne vouloir ignorer de rien ; témoin sa tragique aventure avec le crucifix des Balsamites et ce pauvre M. de Caylus (1).

La première lettre que je reçus en sortant de prison fut une circulaire du citoyen Montlinot, *commissaire national chargé de la distribution des secours publics pour les réfugiés mayençais et les filles-mères.*

(1)   A l'Ile de Puteaux, 12 juillet.

« ..... Le général Rapp vient de divorcer avec une Dlle Van-
« derberg. Ils faisaient très-mauvais ménage, et tout le monde
« dit que Bonaparte veut forcer la vieille de Gèvres à épouser le
« général Rapp, qui n'a guère plus de 50 ans, et pour qu'il
« prenne son nom du Guesclin. Comme c'est le fils d'un paysan,
« c'est un cri de rage épouvantable et universel, et la duchesse
« en a grand'peur en disant que le Grand Napoléon est un
« scélérat qui est capable de toute sorte de persécutions. Il paraît
« que Mme de Tourzel s'en moque, mais Mme de Tingri lui con-
« seille très sérieusement de s'en aller à la campagne, et vous
« pensez bien que je ne crois pas un mot d'une folie pareille.
« On dit que je suis un esprit fort, mais on dit aussi que c'est
« une invention des deux demoiselles de Valence et de Mlle de
« Bonchamp pour prouver la tyrannie de cet empereur. Il pa-
« raît qu'elles composent toutes les semaines une ou deux his-
« toires dans cette intention-là ; mais pour cette fois-ci, le succès
« a dû surpasser toutes leurs espérances. Tout Paris ne parle
« d'autre chose, et c'est un vacarme affreux. Il faut convenir
« que c'est une singulière imagination de ces petites filles qui
« ont beaucoup d'esprit, dit-on. » *Lettre de la C{sse} de Coislin à la P{sse} de Nassau-Sarrebruck, sa nièce.*

Il avait ses bureaux, disait-il, à la ci-devant maison d'Elbœuf, place Marat ci-devant du Carrousel; il me disait d'y faire porter mon offrande, et vous pouvez supposer combien tout ceci me parut attendrissant! L'oncle Dupont me demanda si j'oserais ne rien envoyer à ce commissaire national?... et pour tranquilliser ce pauvre Dupont, je m'empressai de répondre à cet employé que je ne m'embarrassais guère des patriotes de Mayence, et que je ne voulais rien donner pour les filles-mères, attendu que mes dons pourraient avoir l'inconvénient de les encourager à ne pas se marier.

Ce fut Langevin qui porta ma lettre à l'hôtel d'Elbœuf, et Montlinot se mit à dire que, de l'autre côté des ponts, toutes les ci-devant marquises avaient répondu la même chose, et que dans le faubourg Saint-Germain c'était le mot d'ordre.

Il dit ensuite au même René Dupout : — Et toi, Citoyen, ne veux-tu rien donner pour ton propre compte? le don le plus minime est toujours un bienfait pour le beau sexe dans la souffrance, et pour le patriotisme dans la pénurie qui suit la persécution du despotisme et les malheurs de l'exil !

— Citoyen Montlinot, lui répondit Langevin d'un air bonasse, et traîtreusement comme un âne rouge, je ne demande pas mieux que de donner de l'argent à des gens de Mayence, mais c'est à condition qu'ils me donneront des jambons; et sinon, voyez-vous, ce sera tout de même que pour les filles-mères du Palais-Royal et de la rue de Chartres, à qui je ne donnerais seulement pas, voyez vous bien, du feu sur une tuile !...

Le fonctionnaire voulut se fâcher, et ce garçon l'envoya paître, en disant que depuis la mort de Roberspierre, on ne voulait plus se laisser molester ni rançonner.

Les gazettes publiaient successivement le plus grand nombre des papiers qu'on inventoriait chez Roberspierre, et je ne fus pas médiocrement surprise en voyant paraître dans les journaux la lettre suivante :

« Où est d'Orléans, Marat, l'infâme Marat ? où
« sont les autres ? Vous êtes encore Couthon, San-
« terre, Chaumette, lâches et vils meurtriers ! tu
« es encore, tigre imprégné du plus pur sang de la
« France..., bourreau de ton pays, furie sortie du
« tombeau d'un misérable régicide moins coupable
« que toi. Tu vis encore ! écoute : lis l'arrêt de ton
« châtiment. J'ai attendu et j'attends que le peuple
« affamé sonne l'heure de ton trépas, que juste
« au moins une fois dans sa fureur, il te traîne au
« supplice ; si mon espoir était vain, lis, te dis-je,
« cette main qui trace ta sentence, cette main que
« tes yeux égarés cherchent en vain à découvrir,
« cette main percera ton cœur inhumain...

« Tous les jours je suis avec toi, je te vois tous
« les jours, à toute heure mon bras levé cher-

« che ta poitrine... O le plus scélérat des hommes,
« vis encore quelques jours pour penser à moi, dors
« pour rêver de moi, que mon souvenir et ta
« frayeur soient le premier appareil de ton sup-
« plice; adieu... ce jour même en te regardant je
« vais jouir de ta terreur. »

Il faut vous dire à présent que cette fameuse lettre anonyme dont tout le monde admirait la vigueur et la beauté farouche, était une amplification d'écolier. Plus de six mois avant qu'elle eût été trouvée dans les papiers de Roberspierre et publiée dans les journaux, ...
. . . .
ainsi que vous le savez, la femme d'un parent de votre père et notre compagne au Luxembourg. Elle m'en avait montrée la copie qu'elle venait de trouver dans les cahiers de son fils; et comme cette copie se trouvait couverte de corrections, de variantes et de ratures, elle n'avait pas eu de peine à lui faire avouer que c'était lui qui avait composé cette belle épître, qu'il avait, du reste, envoyée par la petite poste, et les cheveux nous en dressaient de terreur! Il paraît que le dictateur avait soigneusement conservé l'original de cette lettre pour tâcher d'en découvrir l'auteur, et il ne se doutait guère que cet écrivain comminatoire était un enfant de neuf ans. En pensant que ce petit garçon avait trouvé moyen d'empoisonner les jours et de troubler les nuits de

Roberspierre, nous n'en revenions pas de surprise.

A propos de lettres, il est à considérer que M. de Saint-Simon-Vermandois, l'entrepreneur en démolitions, m'avait totalement négligée pendant que j'étais prisonnière, et d'ailleurs la dernière lettre qu'il m'avait écrite était libellée de manière à me faire supposer que nous resterions brouillés jusqu'à la mort; ainsi jugez de mon agréable surprise en recevant de lui cette lettre avec cette pancarte.

Citoyenne,

« Ayant appris votre heureuse libération dont je
« vous félicite et dont je viens me réjouir avec vous,
« dans le sentiment d'une bienveillance fraternelle
« et de la plus sincère estime, je vous adresse avec
« empressement et confiance un prospectus des nou-
« velles cartes à jouer dont je suis le créateur et le
« propriétaire en indivis avec les citoyens Jeaune et
« Dugoure. Je ne doute pas que la réformation dont
« cette méthode a subi l'influence ne vous paraisse
« digne d'approbation. Je recommande ces nouvelles
« cartes à votre bienveillance, et nous serions char-
« més qu'elles pussent être accueillies dans la so-
« ciété de Paris à la faveur de votre recommanda-
« tion.

Salut et fraternité.

SAINT-SIMON.

Ce 15 nivôse, an III.

PAR BREVET D'INVENTION, *nouvelles* CARTES A JOUER *de la république française.*

« Il n'est pas de républicain qui puisse faire usage (même en jouant) d'expressions qui rappellent sans cesse le despotisme et l'inégalité; il n'était point d'homme de goût qui ne fût choqué de la maussaderie des figures des cartes à jouer et de l'insignifiance de leurs noms. — Ces observations ont fait naître au citoyen Saint Simon l'idée de nouvelles cartes propres à la république française par leur but moral qui doit les faire regarder comme le *Manuel de la révolution*, puisqu'il n'est aucun des attributs qui les composent qui n'offre aux yeux ou à l'esprit tous les caractères de la Liberté et de l'Égalité. — C'est à la moralité de ce but que le citoyen Saint-Simon doit le brevet d'invention qu'il a obtenu, et dont il est d'autant plus flatté, qu'il assure, pour l'universalité de la république, la perfection de l'exécution des types de ses bases inébranlables. — Ainsi plus de *rois*, de *dames*, de *valets ;* le GÉNIE, la LIBERTÉ, l'ÉGALITÉ, les remplacent, la Loi seule est au-dessus d'eux.

Description raisonnée des nouvelles cartes de la république française.

Le GÉNIE remplace les *rois*.

Génie de cœur, ou *de la guerre* (roi de cœur)

« Tenant d'une main un glaive passé dans une couronne civique, de l'autre un bouclier orné d'un foudre et d'une couronne de lauriers, et sur lequel on lit : POUR LA RÉPUBLIQUE FRANÇAISE ; il est assis sur un affût de mortier, symbole de la constance militaire ; sur le côté est écrit FORCE, que représente la peau de lion qui lui sert de coiffure.

« *Génie de trèfle*, ou *de la paix* (roi de trèfle)

« Assis sur un siége antique, il tient d'une main le rouleau des lois, et de l'autre un faisceau de baguettes liées, signe de la concorde, et sur lequel on lit UNION. La corne d'abondance placée près de lui, le soc de charrue, et l'olivier qu'il porte à sa main droite, montrent son influence et justifient le mot PROSPÉRITÉ placé à côté de lui.

« *Génie de pique*, ou *des arts* (roi de pique) :

« D'une main il tient la lyre et le plectrum, de l'autre l'Apollon du Belvédère. Assis sur un cube chargé d'hiéroglyphes, il est environné des instrumens ou des produits des arts, et le laurier accompagne sur sa tête le bonnet de la Liberté ; près de lui on lit : GOUT.

« *Génie de carreau,* ou *du commerce* (roi de carreau) :

« Il réunit dans ses mains la bourse, le caducée et l'olivier, attributs de Mercure ; sa chaussure désigne son infatigable activité, et sa figure pensive annonce ses profondes spéculations. Il est assis sur un ballot ; et le portefeuille, les papiers et le livre qui sont à ses pieds, prouvent que la confiance et la fidélité sont les premières bases du commerce, comme les échanges en sont les moyens, ainsi que l'ordre en fait la sûreté.

« La LIBERTÉ remplace les *dames.*

« *Liberté de cœur,* ou *des cultes* (dame de cœur).

« Portant une main sur son cœur, elle tient de l'autre une lance surmontée du bonnet, son symbole, et à laquelle est attachée une flamme où est écrit DIEU SEUL. Le *Thalmud,* le *Coran,* l'*Évangile,* symboles des trois plus célèbres religions, sont réunies par elle. L'on voit s'élever dans le fond le palmier du désert ; on lit de l'autre côté FRATERNITÉ.

« *Liberté de trèfle*, ou *du mariage* (dame de trèfle) :

« Par la faveur du Divorce, ce ne sera plus que l'assemblage volontaire de la Pudeur et de la Sagesse; c'est ce que signifient et le mot PUDEUR, et le simulacre de Vénus pudique, placé près de la Liberté comme l'un de ses pénates ; et si le mot DIVORCE est écrit sur l'enseigne qu'elle tient à la main, c'est comme une amulette bienfaisante qui doit rappeler sans cesse aux époux qu'il faut que leur fidélité soit mutuelle pour être durable.

« *Liberté de pique*, ou *de la presse* (dame de pique) :

« Paraissant écrire l'*Histoire*, après avoir traité la *Morale*, la *Religion*, la *Philosophie*, la *Politique* et la *Physique*. A ses pieds sont différens écrits et les masques des deux scènes unis à la trompette héroïque; une massue placée près d'elle annonce sa force, comme le mot LUMIÈRE désigne ses effets.

« *Liberté de carreau*, ou *des professions* (dame de carreau) :

« Elle n'a pour attributs qu'une corne d'abondance et une grenade, emblèmes de la fécondité; ses désignations sont le mot INDUSTRIE et la *patente* qu'elle tient à la main.

« L'Égalité remplace les *valets*.

« *Égalité de cœur,* ou *de devoirs* (valet de cœur)

« C'est un GARDE NATIONAL, dont le dévouement pour la patrie produit la *sécurité* publique; le premier de ces deux mots est écrit près de lui.

« *Égalité de trèfle,* ou *de droits* (valet de trèfle) :

« Un JUGE, dans le costume républicain (présumé), tient d'une main des balances égales, et de l'autre, s'appuyant sur l'autel de la Loi, il montre qu'elle est égale pour tous ; il foule sous ses pieds l'hydre de la Chicane, dont les têtes sont sur la terre ; près de lui est écrit JUSTICE.

« *Égalité de pique,* ou *de rangs* (valet de pique);

« Est représentée par l'homme du 14 juillet 1789 et du 10 août 1792, qui, armé et foulant aux pieds les armoiries et les titres de noblesse, montre les droits féodaux déchirés, et la pierre de la Bastille sur laquelle il est assis ; à côté de lui est le mot PUISSANCE.

« *Égalité de carreau,* ou *de couleurs* (valet de carreau) :

« Le nègre, débarrassé de ses fers, foule aux **pieds** un joug brisé. Assis sur une balle de café, il semble jouir du plaisir nouveau d'être libre et d'être armé. D'un côté l'on voit un camp, de l'autre quelques cannes à sucre, et le mot COURAGE venge enfin l'homme de couleur de l'injuste mépris de ses oppresseurs.

« La Loi remplace les *as*.

« *Loi de cœur, pique, trèfle et carreau* (as de cœur, pique, trèfle et carreau) :

« Si les vrais amis de la philosophie et de l'humanité ont remarqué avec plaisir parmi les types de l'Égalité le SANS-CULOTTE et le NÈGRE, ils aimeront surtout à voir la LOI, *seule souveraine d'un peuple libre,* environner l'AS de sa suprême puissance, dont les faisceaux sont l'image, et lui donner son nom.

« On doit donc dire : quatorze de LOI, de GÉNIE, de LIBERTÉ ou d'ÉGALITÉ, au lieu de : quatorze d'*as*, de *rois*, de *dames* ou de *valets*;

« Et dix-septième, seizième, quinte, quatrième ou tierce au GÉNIE, à la LIBERTÉ ou à l'ÉGALITÉ, au lieu de les nommer au *roi*, à la *dame* ou au *valet*; la LOI donne seule la dénomination de MAJEURE.

« Il paraît inutile de dire qu'aux jeux où les valets de trèfle ou de cœur ont une valeur particulière comme au *reversis* ou à la *mouche*, il faut substituer l'Égalité de devoirs en celle de droits.

« *Observations*. — Après avoir rendu compte des changemens qu'imposait l'amour de la Liberté, il faut peut-être dire un mot des soins qu'on a pris pour appliquer ces idées vraies et pures au besoin qu'ont les joueurs de retrouver des signes correspondans à ceux qu'une longue habitude leur a rendus familiers. — L'on a donc rempli la carte d'attributs dont l'usage indique la figure sans avoir besoin de la découvrir. La figure est assise, afin de présenter une masse égale à celle des magots du siècle de Charles XI, et l'on a porté le soin jusqu'à conserver les mêmes couleurs, afin d'offrir les mêmes effets, enfin les noms de David, de Pallas, etc., sont remplacés par les dénominations morales des différens effets de la révolution, dont les types des NOUVELLES CARTES DE LA RÉPUBLIQUE FRANCAISE offrent tous les emblèmes.

— « De l'imprimerie des nouvelles cartes de la
« république française, rue ci-devant Saint-
« Nicaise, n° 44. »

Aussitôt que Collot-d'Herbois, Carnot, Billaud-Varennes et Barrère eurent été chassés du comité de salut public, la sécurité devint générale et la joie fut à son comble. On arrêta bientôt après Fouquier-Tinville, à qui l'on fit son procès.

— Allons donc, leur disait-il, avec une ironie féroce, allons donc, Représentans du peuple, je

n'ai fait que vous imiter et vous obéir. Lequel de
de vous m'a fait entendre un seul mot de reproche?
le sang découlait de la bouche de tous vos orateurs.
Vous me disiez que tous les ennemis du peuple
étaient condamnés d'avance et que je n'avais à remplir que les formalités de leur jugement. Vous étiez
les juges et je n'étais que la hache de la Convention.
Punit-on une hache?......

L'abominable Carrier fut condamné à mort par
le nouveau tribunal révolutionnaire, et ses collègues
l'avaient décrété d'accusation à la majorité de 498
voix sur 500 conventionnels, ce qui prouve que les
temps étaient bien changés. Un décret vint annuler cette horrible loi qui commandait de ne faire
aucun prisonnier anglais ni hanovrien; un autre
décret vint ordonner la destruction de la salle des
Jacobins et l'établissement d'un marché sur son
emplacement; enfin les restes de Marat furent arrachés du Panthéon français, traînés dans les rues
de Paris et conduits jusqu'à l'égout de la rue Montmartre dont on brisa la grille afin de les y précipiter au milieu des immondices.

En allant en fiacre dans l'île Saint-Louis pour y
voir l'Abbé Texier qui fébricitait, je me trouvai sur
le passage de cette exécution réparatoire. Il n'était
plus question du peintre David et de son reposoir
civique! je trouvai singulier qu'il eût été dans ma
destinée d'assister à deux pareilles scènes à propos
du corps de cet abominable homme. La différence

en était complète, mais c'était à 21 mois de distance et les révolutions marchent si vite en ce pays-ci.

Je vis que les ossemens de Marat étaient dans un grand panier et je demandai ce qu'on allait en faire? Langevin (je suis bien obligée de vous parler continuellement de mes domestiques, puisque je n'avais plus aucune autre compagnie que la leur, mais je n'en prétends pas faire la dédaigneuse et la confondue, c'est la concordance dans l'opinion politique et les principes religieux qui établissent naturellement la plus parfaite égalité; je l'ai bien éprouvé pendant cette révolution!) mais je retourne à Langevin qui s'en fut questionner les convoyeurs de ce panier en mon nom propre.

— Madame la Marquise de Créquy fait demander à ces Messieurs....... — Il arriva tout aussitôt cinq ou six jeunes gens de bonne tournure à ma portière, et quand ils m'eurent fait part de leur intention, je ne pus m'empêcher de les en applaudir, en disant que c'était le sanctuaire le mieux choisi pour une pareille idole. Ils me demandèrent si je sortais de prison?... Il y en avait qui venaient me serrer les mains et qui avaient des larmes dans les yeux, et c'est que tout le monde était dans des transports de sensibilité, de bienveillance et de jubilation dont on ne pourra se faire aucune idée dans les temps futurs et d'après les livres. Je suis fâchée que vous n'ayez pas vu ce temps-là de manière à vous en pouvoir souvenir. Oh! l'humanité vaut mieux qu'on ne le croit, et surtout quand elle est épurée par la souffrance. On s'arrêtait dans les rues, pour peu qu'on eût une figure honnête; on questionnait et se proposait des secours, on s'apitoyait ou se réjouissait avec tant d'humanité, tant de franchise et si simplement! Mais c'était surtout les pauvres jeunes gens qu'il fallait voir aux Tuileries, dans les spectacles, à la représentation des *Deux Journées*, et surtout quand on chantait *le Réveil du Peuple!* Tout le monde y faisait chorus; on s'embrassait sans se connaître, on s'étreignait avec des éclats de joie convulsive ou de généreuse indignation qui auraient fait couler des larmes d'un rocher! On pleurait; on délirait!... Mais il faut que je vous la fasse copier, cette abrupte mélopée; incorrecte, désordonnée, mais solennelle et vigoureuse! cet hymne rude, mais accentué par la délivrance et la générosité vengeresse, enfin cette chanson qui répondit à tous les cœurs et tous les sentimens, à toutes les douleurs et tous les besoins de votre pays! Je trouve que l'air de ce chant véritablement patriotique vaut encore mieux que les paroles, tant il me paraît énergique, attendrissant et passionné!

LE RÉVEIL DU PEUPLE

Peuple français, peuple de frères,
Peux-tu voir sans frémir d'horreur,
Le crime arborer les bannières
Du carnage et de la terreur?

Tu souffres qu'une horde atroce
Et d'assassins et de brigands
Souille par son souffle féroce
Le territoire des vivans.

Quelle est cette lenteur barbare?
Hâte-toi, peuple souverain,
De rendre aux monstres du Ténare,
Tous ces buveurs de sang humain,
Guerre à tous les agens du crime,
Poursuivons-les jusqu'au trépas.
Partage l'horreur qui m'anime,
Ils ne nous échapperont pas!

Ah! qu'ils périssent, les infâmes
Et les égorgeurs dévorans,
Qui portent au fond de leurs âmes
Le crime et l'amour des tyrans!
Mânes plaintifs de l'innocence,
Apaissez-vous dans vos tombeaux,
Le jour tardif de la vengeance
Fait enfin pâlir nos bourreaux.....

Voyez déjà comme ils frémissent,
Ils n'osent fuir, les scélérats :
Les traces du sang qu'ils vomissent
Décéleraient bientôt leurs pas.
Oui, nous jurons sur votre tombe,
O notre pays malheureux,
De ne faire qu'une hécatombe
De ces cannibales affreux.

O vous! coupables égoïstes,
Et vous, lâches insoucians,

Pouvez-vous, près des Terroristes,
Vous endormir sur des volcans !
C'est peu que de haïr le crime,
Il faut encore l'anéantir.
Si vous ne fermez pas l'abîme,
L'abîme va vous engloutir !

FIN DU HUITIÈME VOLUME.

TABLE

DES MATIÈRES CONTENUES DANS CE HUITIÈME VOLUME.

Pages.

CHAPITRE Ier. Les compagnes de prison.—Mme Roland et Mme Dubarry à Sainte-Pélagie.—Événemens et anecdotes révolutionnaires. — Communications du manuscrit des Mémoires de Mme Roland.—Examen et opinion de l'auteur sur cet ouvrage. ... 1

CHAP. II. Suite de l'analyse des Mémoires inédits de Mme Roland. — Ses prétentions aux belles manières et au beau langage. — Son mauvais goût dans le style familier. — Son arrogance et son étrange conduite avec les montagnards. — Sa condamnation. — Son supplice. — Mort de son mari. — Suicide de Chamfort et de Condorcet. — L'Abbé Emmery à la conciergerie. — Le dernier banquet des Girondins. — Opinions de l'auteur sur ces utopistes. ... 21

CHAP. III. La prison des Oiseaux. — La Princesse de Monaco. — Les Duchesses de Choiseul et de Gramont. — L'Abbé Texier.— Courage du clergé français.—Mort de Mme de Gramont. — Remise des papiers qu'elle avait légués à l'auteur. — Valère-Maxime et Massillon. — La prophétie de Cazotte.— Un grand Cophte et ses procédés pour la divination.— La prison des Carmes.—Théroigne de Méricourt. — Vision sur le général Beauharnais dans sa prison. — Ses dernières dispositions et sa mort. — Quelques mots sur Mme Bonaparte sa veuve. — Le jeune Épaminondas. — Anecdotes du temps. ... 56

TABLE DES MATIÈRES.

Pages

CHAP. IV. L'association royaliste.—La cachette du grand-vicaire. — Conduite de Philippe-Égalité à l'égard de Mme la Duchesse d'Orléans et de M. le Duc de Penthièvre. — Sommations qu'il envoie à cette princesse par un huissier.— Mme la Duchesse de Bourbon.— Ses rêveries théologiques et ses erreurs politiques.—Relations de Mme de Tourzel et de Mme de Béarn, opuscule inédit.—Détails sur la mort de la Princesse de Lamballe.—Courage héroïque de la Princesse de Tarente. — Introduction des journaux et correspondance de l'extérieur à l'intérieur de la prison — Rapport de Manuel à la commune de Paris. — Délibération de ce conseil de la commune.—Souffrances et privations de la famille royale. 54

CHAP. V. Événemens révolutionnaires. — Séances de la Convention. — Discours des régicides. — Saint Just, Manuel, Condorcet, Roberspierre, Seconde, etc.—Votes de Legendre, de Barrère et du Duc d'Orléans. — Lettre de M. de Talleyrand à la Convention pour se disculper d'avoir eu l'intention de *servir* le Roi. — Défense et mort de Louis XVI. — Lettre du bourreau de Paris. — L'aumônier du Roi. — Cérémonie funèbre au cimetière. — Prénoms républicains. — La famine en prison. — Mesdames d'Innisdaël et de Valentinois.— Étrangeté de cette dernière et singularité de ses propos. — Le surtout de M. Necker et piété filiale de Mme de Staël. — Mlle de Sombreuil en prison. — M. de Grand-Champ et son homonyme. — Danger et présence d'esprit de ce prisonnier. — Mort du Duc de Penthièvre. — L'Abbesse de Fontevrault, son serment et sa rétractation. — Charlotte Corday. — Funérailles de Marat. — Culte institué pour *le cœur de cet Ami du peuple.* — Supplice de Charlotte Corday. — Opinion d'un médecin sur les souffrances causées par la décapitation. — Institutions et législation conventionnelles. — Décrets absurdes. — Loi des suspects, calendrier républicain, etc. — La Marquise de

TABLE DES MATIÈRES.

Pages

Forbin-Janson. — Projet de libération pour la Reine et refus généreux de Marie-Antoinette.— Vénalité de Chabot et sa dénonciation contre Mme de Forbin. — Condamnation de cette dernière. — Supplice de la Reine. — Souffrances et suspension du récit de l'auteur. 91

CHAP. VI. La pleine Terreur. — Le jeune St-Amaranthe. — Carnage de Bicêtre. — Les chiens épaves. — Exécution nocturne et procession civique. — Le citoyen Gasparin. — La Duchesse de Valentinois et Mlle Arnoux. — La femme aux cinq maris et les cinq divorces. — Essai d'une guillotine à plusieurs tranchans. — Proposition d'incendier la Bibliothèque Royale. — Mmes de Biron et de Marbœuf. — Motifs de leur condamnation. — Administration des subsistances. — Privilége des octogénaires et son peu d'utilité. — Observation sur les femmes bossues. — Loi sur l'emprunt forcé. — Décret en faveur des indigens. — Apostasie de l'Église constitutionnelle. — Identité des mêmes sacriléges en 1793 et 1830. — Saccage de Commune-affranchie. — Géographie révolutionnaire. — Les proconsuls à Lyon, Toulon, Nantes et Arras. — Quelques mots sur Joseph Lebon. — Supplice et condamnation de plusieurs enfans dans la Vendée. — Motion pour faire guillotiner tous les sexagénaires. — Encouragement pour mariner la chair et tanner la peau des suppliciés. — Fête de la Nature et de l'Hyménée (dans une prairie). — Aperçu relatif à la probité des généraux républicains.—Observations sur Bonaparte.— Le prisonnier Jacques Clément.— Sa révélation sur l'assassinat de Lepelletier-St.-Fargeau. — La Fille de la Nation. — Son mariage et son trousseau. — Les douze perruques. — André de Chénier. — Son frère Joseph. — Observation sur les régicides. 152

CHAP. VII. Louis-Philippe d'Orléans. — Sa biographie. — Son jugement, sa condamnation, ses derniers momens et son supplice. 184

CHAP. VIII. Chute de Roberspierre. — Séance du 9 thermidor. — Journaux démentis par un Bulletin royaliste. — Roberspierre au Comité de salut public. — Description de cette scène d'après un témoin oculaire. — Le valet observateur. — Opinion de l'auteur sur les causes du 9 thermidor. — Péril de mort pour l'auteur. — Le moine apostat. — Mandat pour la guillotine. — Erreur de noms et de personne. — Mise en liberté de Mme de Créquy. 206

CHAP. IX. Isolement et impression pénible de l'auteur. — Liste de ses parens et amis suppliciés. — Anecdotes sur la Duchesse de Gèvres. — Traité conclu pour un archevêque espagnol avec Tallien. — Philanthropie révolutionnaire. — Le commissaire de bienfaisance et le Vendéen. — Lettre trouvée dans les papiers de Roberspierre. — Lettre du Dieu Saint-Simon et prospectus de son entreprise industrielle sur les cartes à jouer. — Les dernières obsèques de Marat — Le *Réveil du Peuple*. 219

FIN DE LA TABLE DU HUITIÈME VOLUME.

www.ingramcontent.com/pod-product-compliance
Lightning Source LLC
Chambersburg PA
CBHW060129170426
43198CB00010B/1091